Für meinen Sohn Jérôme,
dessen Lachen anlässlich eines Kamelritts
noch heute durch die Sahara und durch meine Erinnerung hallt.

Charmaine Liebertz

Das Schatzbuch des Lachens

Grundlagen, Methoden und Spiele
für eine Erziehung mit Herz und Humor

Hrsg. von der Gesellschaft für
ganzheitliches Lernen e.V.

DON BOSCO

Quellenverzeichnis

S. 168: Erich Kästner: Kicherfritzen, aus: Das Schwein beim Frisör und andere Geschichten, © Atrium Verlag Zürich, 1962 und Thomas Kästner

S. 169: Heinz Erhardt: Die Zelle, Die Nase, Drei Bären: aus: Das große Heinz Erhardt Buch, © Lappan Verlag Oldenburg

S. 182: Hans Kruppa: Kleine Morgengymnastik, aus: Ein bißchen Glück für jeden Tag. Gedichte, Märchen und Gedanken. Coppenrath Verlag 2007

Trotz unserer Bemühungen ist es nicht in jedem Fall gelungen, die Rechteinhaber aller hier abgedruckten Texte zu ermitteln. Wir bitten die Rechteinhaber darum, sich mit dem Verlag in Verbindung zu setzen.

Gerne nehmen wir Ihre Anregungen, Wünsche, Kritik oder Fragen entgegen:
Don Bosco Medien GmbH, Sieboldstraße 11, 81669 München
Servicetelefon: 089 / 48008-341

Bibliografische Information der Deutschen Nationalbibliothek

Die Deutsche Nationalbibliothek verzeichnet diese Publikation in der Deutschen Nationalbibliografie; detaillierte bibliografische Daten sind im Internet über http://dnb.d-nb.de abrufbar.

1. Auflage 2009 / ISBN 978-3-7698-1773-7

Umschlag und Illustrationen: Margret Russer, ReclameBüro, München
Fotos: Charmaine Liebertz, „Südtiroler Ärzte für die Dritte Welt", Fotolia
Satz: undercover, Langweid / Foret
Produktion: Don Bosco Druck & Design, Ensdorf

Gedruckt auf umweltfreundlichem Papier

Inhaltsverzeichnis

Vorwort

Es gibt zwei Gründe, lieber Leserin und lieber Leser, die mich angetrieben haben, das vorliegende dritte Schatzbuch zu schreiben. Zunächst weil ich als Rheinländerin das Lachen liebe, und vielleicht bin ich auch als Kölnerin geradezu priviligiert, mich mit dieser Thematik zu befassen.

Denn laut einer Studie[1] lachen die Kölner im bundesweiten Vergleich am meisten. Im Auftrag des Hamburger Männermagazins Men's Health testete das Stuttgarter Institut für rationelle Psychologie rund 9000 Männer in 50 deutschen Großstädten. Und nun müssen Sie, lieber Leser, tapfer sein, denn es kamen signifikante, regionale Unterschiede heraus: Am Rhein lachen die Menschen am häufigsten! Die Kölner rangieren mit 10,34 Minuten täglich an erster Stelle, gefolgt von Bonn (10,25 Minuten) und Düsseldorf (10,20 Minuten). In den Städten von Stuttgart bis Augsburg wurden Messwerte von 9 Minuten ermittelt, im Mittelfeld hält sich unsere Bundeshauptstadt Berlin (8,32 Minuten) und deutlich weniger zu lachen, scheint der Norden und der Osten unseres Landes zu haben. Die norddeutschen Städte wie Hannover und Bremen bringen es auf rund 6 Minuten Lachen täglich. Das Schlusslicht bildet Chemnitz mit 5,17 Minuten.

Aber seien Sie nicht traurig, lieber Leser, wenn Sie nicht aus dem Rheinland kommen. Denn schließlich ermittelte diese Studie nur das richtige Lachen, nicht das Lächeln oder Schmunzeln. Mag sein, dass die Chemnitzer dann an erster Stelle stünden. Und noch etwas hat diese Studie vergessen: Die Frauen! Sie hätten das Ergebnis wesentlich verbessert, da bin ich mir ganz sicher!

Für den zweiten Grund, warum ich dieses Schatzbuch unbedingt schreiben wollte, benötige ich keine objektive Studie, da reicht meine persönliche Erfahrung vollkommen aus. Während meiner Schulzeit, meines Studiums der Erziehungswissenschaft und heute in meiner Arbeit als Referentin stelle ich mir immer wieder die Frage: Sag mir, wo das Lachen ist, wo ist es geblieben ...? Im Laufe meiner Recherche für dieses Buch

---

1 Die Testpersonen wurden mit Elektroden am Kopf ausgestattet und anhand der Temperatur-Puls-Wellen konnte ihre tägliche Lachdosis ermittelt werden. Diese Messung erfolgte rein physiologisch, die Lachanlässe erfragte das Stuttgarter Institut nicht.

kamen immer mehr Fragen auf. Wie oft haben wir schon hören müssen „Mit der Schule beginnt der Ernst des Lebens"? Warum fragen wir, wenn uns Kinder berichten, sie hätten im Unterricht gelacht: „Habt ihr denn auch was gelernt?" Warum höre ich in Kindergärten mehr Kinderlachen als in Schulen? Warum hallt der Aufschrei meines Physiklehrers bis heute noch nach: „Hier wird nicht gelacht!" Warum kann ich mich an den Lernstoff meiner humorvollen Biologielehrerin bis heute noch so gut erinnern? Warum haben wir in der Pädagogik das Lachen vergessen? Hat die Pädagogik in ihrer Geschichte zu lange darum kämpfen müssen, im erlauchten Kreis der empirischen Wissenschaften ernst genommen zu werden? Hat sie in diesem verbitterten Kampf vielleicht das Lachen verloren? Warum haben andere Wissenschaftsdisziplinen (z. B. Medizin, Psychologie) diese Thematik längst entdeckt? Warum schulen viele Unternehmen der freien Wirtschaft ihre Manager und Mitarbeiter in Sachen Humor? Warum bildet dieses Thema in der Fortbildung von Pädagogen immer noch einen weißen Fleck?

Der Kabarettist Dieter Hallervorden spottete mal: „Deutscher Humor ist ein echter Schlankmacher. Man muss meilenweit laufen, bis man ihn trifft." Ich frage provokant: Kann es sein, dass wir Pädagogen uns noch gar nicht auf den Weg gemacht haben, den Humor zu suchen?!

Fragen über Fragen! Lassen Sie sich, lieber Leser, von den Antworten überraschen und ins Reich der fröhlichen Pädagogik entführen. Ein Plädoyer für mehr Herzensbildung in der Pädagogik habe ich bereits im vorherigen Schatzbuch gehalten. Nun geht es mir um ein vehementes Plädoyer für mehr Humor in der Pädagogik. Mit diesem Schatzbuch möchte ich Ihnen, liebe Leser, viele Werkzeuge für eine Erziehung mit Herz und Humor an die Hand geben, damit Kinder überall – ob im Elternhaus, im Kindergarten oder in der Schule – das erforderliche Kraftpaket für eine ganzheitliche Entwicklung erhalten: Das Lachen!
Dabei möchte ich betonen, dass ich Humor und Lachen nicht als neue, pädagogische Maßnahmen oder mechanische Instrumente ansehe. Mir geht es vielmehr darum, Humor und individuelles Lernen miteinander zu verbinden; Humor als Medium für neue geistige und emotionale Horizonte zu eröffnen; Humor als wesentlichen Bestandteil eines glücklichen Lebens darzustellen. Denn das Lachen ist weit mehr als nur eine Maßnahme zur Gesundheitsvorsorge oder ein Schlüssel zum beruflichen Erfolg. Es bil-

det die Basis für eine liebevolle Entwicklung des Menschen als Ganzen – als lernendes, soziales, kommunikatives, emotionales und geistiges Wesen.

Bitte erwarten Sie von mir nicht die universelle Theorie des Lachens in der Pädagogik, sondern vielmehr Denkanstöße, Tipps und praktische Vorschläge, die Sie, lieber Leser, in Ihrem pädagogischen Alltag individualisieren müssen.
Mein Traum als Pädagogin wäre es, dass in der Pädagogik eines Tages Lernen und Lachen ein Traumpaar bilden! Tja, träumen reicht leider nicht aus! Das Buch musste ich schon noch schreiben, und Sie, lieber Leser, müssen das Gelesene auch ins Leben hineintragen! Dann wird unser Traum vielleicht eines Tages Wirklichkeit!

Desto mehr Pläne ich schmiedete, Sie mit meinem Buch davon zu überzeugen, dass Lachen und Lernen ein Traumpaar bilden, umso öfter kam mir folgendes Sprichwort in den Sinn:

> Wenn du Gott zum Lachen bringen willst,
> erzähle ihm deine Pläne.
> *Moldawisches Sprichwort*

Welche Schätze birgt dieses Buch?

Wenn wir lachen, dann spielen nicht nur unser Körper und unsere Psyche eine große Rolle, sondern auch unsere Evolution, Sozialisation, Kultur, Religion ja sogar die Politik. Schnell war mir bei der Recherche für dieses Schatzbuch klar, dass ich nur mit einer interdisziplinären Vorgehensweise dem interessanten Phänomen des Lachens auf die Spur kommen konnte.

Lachen ist das älteste universale menschliche Vokabular! Lachen wir tatsächlich schon seit Millionen Jahren? Ist Lachen also angeboren? Wie und warum lachten unsere Vorfahren? Welchen Überlebensvorteile hat uns im Laufe der Evolution das Lachen gebracht? Wo sitzt das Lachen und wie funktioniert es? Diese Fragen versuche ich in Kapitel 1 „Die Evolution des Lachens" zu beantworten.

Lachen und Humor blicken auch auf eine lange und interessante Wissenschaftsgeschichte zurück. Die Frage, weshalb Menschen überhaupt lachen und welche Vorteile es birgt, beantworten Wissenschaftler aus der Medizin, der Psychologie und der Soziologie mit unterschiedlichen Forschungsergebnissen. So kann z. B. die Medizin heute viele positive Wirkungen des Lachens auf unsere Gesundheit nachweisen. Aber unser Lachen ist auch ein kulturelles Phänomen, dass von gesellschaftlichen, religiösen, philosophischen und sogar politischen Strömungen beeinflusst wird. Wann, wo und in welcher Situation ist welches Lachen für wen kulturell angemessen oder nicht? Vermag Humor und Lachen politischen Widerstand zu schüren, und vermag Humor unsere Angst vor dem Leid und dem Sterben zu lindern? Das Lachen war lange Zeit ein Stiefkind der Forschung, aber in den letzten Jahren hat die noch junge Lachforschung (Gelotologie) Stück für Stück aufgeholt. Sie hat viele neue Erkenntnisse zu Tage gebracht. Mit all diesen Aspekten beschäftige ich mich im 2. Kapitel „Die Wissenschafts- und Kulturgeschichte des Lachens".

Bei meiner intensiven Recherche entdeckte ich eine erstaunliche Vielfalt des Lachens. Es gibt das echte und das unechte Lachen, das gute und das ‚böse' Lachen, den männlichen und weiblichen Humor und nicht zu vergessen, die Phänomene des Kitzelns und des Tränenlachens. Was es da Erstaunliches zu berichten gibt, erfahren Sie, lieber Leser, im 3. Kapitel „Die Vielfalt des Lachens".

Als ich feststellte, dass Humor auch ohne Lachen existieren kann, und dass der Witz und eine optimistische Lebenseinstellung eigenständige Phänomene sind, entdeckte ich eine große Lachfamilie, die ich Ihnen im 4. Kapitel „Die Verwandten des Lachens" vorstellen werde.

Das 5. Kapitel „Die Pädagogik des Lachens" zu benennen, ist mir schwer gefallen, denn dabei fiel mir auf, wie wenig wir bislang noch die Pädagogik mit Lachen und Humor verbinden! Was wissen wir Pädagogen und Eltern über die Entwicklung des kindlichen Lachens? Warum und worüber lachen Kinder? Erzieht es sich mit Humor wirklich leichter? Kann Humor überhaupt erlernt werden? In diesem Kapitel werden Sie, lieber Leser, erfahren, dass Lachen und Lernen ein Traumpaar bilden, aber auch dass die Pädagogik ihre Grenzen im Umgang mit Humor kennen muss.

Das 6. Kapitel „Der große Praxisteil" beschäftigt sich mit der konkreten Anwendung der gewonnenen Erkenntnisse im pädagogischen Alltag. Ich habe – wie in meinen vorhergehenden Schatzbüchern – auch diesmal viele Praxisbausteine gesammelt und entwickelt: Lustige Geschichten, Gedichte, Rätsel, Reime und sogar Lachyoga-Übungen. Dass Sie weder Geld noch Materialien brauchen, um mit Herz und Humor zu erziehen, zeigt meine umfangreiche Sammlung an lustigen Spielen. Am Ende dieses Kapitels erwarten Sie wertvolle Lachtipps für Ihren oftmals beschwerlichen pädagogischen Alltag.

Geschichten zum Staunen und Schmunzeln aus dem Reich des Lachens können Sie im 7. Kapitel „Kleine Schatztruhe des Lachens" entdecken. Und als leidenschaftliche Kölnerin lege ich Ihnen dort gerne das Kölsche Grundgesetz ans Herz.

Im Schlusskapitel „Wer zuletzt lacht!" halte ich als Erziehungswissenschaftlerin mein Plädoyer für mehr Humor in der Pädagogik und für mehr Lachen beim Lernen!

Wertvolle Adressen und Adressaten aus Deutschland, Österreich und der Schweiz habe ich für Sie am Ende des Buches zusammengetragen. Das Spektrum reicht vom Verein der Clown Doktoren, über Lachclubs bis hin zum Club der Optimisten.

Übrigens, damit Ihnen während der Lektüre das Schmunzeln nicht vergeht, finden Sie im Text ab und an Witze für kleine und große Kinder, aber auch immer wieder den Kasten „Allen Ernstes!". Hier warten witzige, erstaunliche aber wahre Fakten auf Sie. Und wenn Sie dieses Symbol entdecken, so signalisiert es Aussagen von mir, die ich mit einem schmunzelnden Augenzwinkern treffe.
Wenn ich – wie in den beiden vorherigen Schatzbüchern – auch diesmal von Pädagogen spreche, dann wende ich mich nicht nur an die etablierten Berufsgruppen wie Erzieherinnen und Lehrkräfte sondern auch an Mütter, Väter, Großeltern und an alle, die die Entwicklung eines Kindes mit Herz und Humor begleiten möchten.

Ich meine es also sehr ernst mit dem Lachen in der Pädagogik und zwar ganz im Sinne des dänischen Physikers Niels Bohr (1885 – 1962):

Es gibt Dinge, die so ernst sind,
dass einem nichts anderes übrig bleibt,
als über sie zu lachen.

Kapitel 1

Die Evolution des Lachens

Drei Dinge helfen,
die Mühseligkeiten des Lebens zu tragen:
die Hoffnung, der Schlaf und das Lachen.
Immanuel Kant

Warum um alles in der Welt schütteln wir uns vor Lachen, werfen dabei den Kopf nach hinten und stoßen urkomische und befremdliche Lachlaute aus? Was hat sich die Evolution dabei gedacht?

Unsere elementarste emotionale Äußerung ist neben dem Weinen das Lachen. Jeder Mensch versteht sie überall auf der Erde und zwar lange vor der Sprache. Denn unsere Vorfahren verständigten sich – so meinen Anthropologen – zunächst durch Mimik und Gestik. Erst im Laufe der Jahrmillionen lernten wir, Laute zu äußern und zu verstehen. Die biologische Urausstattung für unsere zwischenmenschliche Verständigung bestand also aus Blicken, Gesten und einem Lächeln. Eine schöne Vorstellung!

War dies schon immer so? Ist unser Lachen unverändert seit Millionen von Jahren in der Evolution verankert? Ein biologischer Reflex, eine gewachsene Fähigkeit mit archaischen Strukturen?

Auf diese Fragen liefert uns die Forschung der Primaten (Menschenaffen) interessante Antworten. Schon der Evolutionstheoretiker Charles Darwin (1872) beobachtete, dass viele Affenarten, wenn sie vergnügt sind, einen wiederkehrenden Laut und heftige Atemgeräusche äußern, die unserem Lachen ähneln. Er ging bereits davon aus, dass es sich hierbei um Ausdrucksformen handelt, die wohl der Verständigung dienen.

Auch der Humanbiologe und Mimikforscher Carsten Niemitz (Freie Universität Berlin) meint, dass im Laufe der Zeit alle höheren Affen zu Pantomimen wurden und zwar dank ihrer komplexen Gesichtsmuskulatur. So zeigen Paviane, Makaken und Gibbons ihr stummes Lächeln sogar mit geöffnetem Mund. Während diese Affenarten noch lautlos grinsen, geben die schlauen Schimpansen mit ihrer rhythmischen Zwerchfellatmung bereits Lachgeräusche von sich. Darin sieht Carsten Niemitz (2005) einen selektiven Vorteil: Das laute Lachen erreicht eine breitere Masse! Die lautlos grinsenden Paviane sind auf Blickkontakt angewiesen und somit auf ein nahes Gegenüber. Dagegen können die Schimpansen sich aufgrund ihrer Lachlaute mit einem breiteren Publikum verständigen.

„Affen schnarchen oder grunzen mehr", beschreibt Elke Zimmermann (2007) von der Tierärztlichen Hochschule in Hannover. Sie analysierte Tonaufnahmen von jungen Bonobos (Zwergschimpansen) und stellte Erstaunliches fest: Beide – Mensch und Affe – stoßen rhythmische Lachsilben in stakkatoartiger Frequenz aus. Aber das Atmen der

Affen ist nur als rhythmisches Vibrieren nachweisbar, während es bei uns den Schall erzeugt. Ein Schimpanse kann zwar leise lachen, aber Testpersonen, denen man dieses Affenlachen vorspielte, vermuteten eine Asthmaattacke oder Sexuallaute. Denn Affen lachen doppelt so schnell; sie vokalisieren sowohl beim Einatmen als auch beim Ausatmen pro Atemzug einen Lachton. Und schon hört sich ihr Gelächter wie ein Hecheln an.

Menschen dagegen lachen so wie sie sprechen. Sie nehmen einen Atemzug und produzieren beim Ausatmen einen oder mehrere Töne: hahaha! Daher meint der Lachforscher Robert Provine (2000), dass Sprechen und Lachen nichts anderes seien als moduliertes vokalisiertes Ausatmen, für das jedoch der Brustkorb und das Atmungssystem eines Zweibeiners erforderlich sind.

Darüber lachen Kindergartenkinder

Zwei Krähen schauen interessiert einem Düsenjet nach. „Der ist ein bisschen schneller als wir", sagt die eine. „Na, kein Wunder", krächzt die andere, „stell dir vor, dein Hintern würde brennen!"

In der Evolution des Lachens kommt es also nicht nur auf den richtigen Ton an, sondern auch auf die aufrechte Haltung! Aber eines verbindet uns Menschen mit den Affen: Die Gesichtsmimik, das sogenannte Spielgesicht. Es zeigt ein miteinander kooperierendes System von Augen-, Wangen- und Mundpartie. Jede einzelne Partie spiegelt Informationen über den emotionalen Zustand wider. Junge Bonobos lachen beim Kitzeln ebenso reflexartig wie Menschenbabys! Zwar ist ihre Lachtonlage ein wenig höher, aber ein freudiges Gesicht mit geöffnetem Mund zeigen auch sie. Mit ihrem Spielgesicht wollen sie ausdrücken: Ich mein's nicht ernst. Bitte greif mich nicht an!

Wie und warum lachten unsere Vorfahren?

Wer lächelt, statt zu toben,
ist der Stärkere.
Japanische Weisheit

Die stumme Lachmimik gehört also zum archaischen Repertoire des Affen und des Menschen. Aber wie kam es zum ersten lauten Lachen unserer Vorfahren?

Auch wenn hierüber noch viel spekuliert wird, so ist doch Eines gewiss: Das laute Lachen begann mit dem Bipedalisten! So nennen Paläoanthropologen ein Lebewesen, das mit aufgerichteter Wirbelsäule auf zwei Beinen gehen kann. Erst durch diesen aufrechten Gang und dem dabei erhobenen nach vorne gerichteten Gesicht entwickelte sich unsere Mimik zu einem weithin sichtbaren Signal. Aber diese Fähigkeit brachte uns auch Nachteile, denn Bipedalisten laufen langsamer als Vierbeiner und sind damit potenziellen Fressfeinden z. B. Großkatzen eher ausgeliefert.

Unseren Vorfahren, die in kleinen Stämmen lebten und noch nicht sprachen, blieb also nichts anderes übrig, als akustische Signale zu entwickeln, die sie vor Gefahren warnen und Kommunikation ermöglichen. Mit den lauten Schallwellen ihres Lachens, die sich in alle Richtungen ausbreiten, konnten sie Botschaften weithin hörbar senden.

Und dies wurde überlebenswichtig als vor rund 2,5 Millionen Jahren der Homo rudolfensis den Steinkeil entdeckte. Damit konnte er seinen Feind erschlagen und zwar lange bevor er mit ihm sprechen konnte. Tagsüber wussten unsere Vorfahren sich durch Überlegenheits- und Demutsgesten – ähnlich den Tieren – zu helfen. In der Nacht jedoch waren ihre Gestik und Mimik nicht erkennbar.

Keine andere emotionale Äußerung als das Lachen vermag der Mensch aus so großer Distanz zu erkennen. Bereits neunzig Meter entfernt registrieren wir, dass unser Gegenüber lacht. Für unsere Vorfahren war diese Entfernung viel weiter als der weiteste Speerwurf eines Kontrahenten und garantierte ihm somit den entscheidenden Fluchtvorsprung.

Das Überleben des frühzeitlichen Menschen hing also von seinen beschwichtigenden Lachlauten ab. Sie halfen ihm die Bedrohlichkeit zu entschärfen und Entspannung herbeizuführen, ganz nach dem Motto: Ich tu dir nichts; tu mir auch nichts!

Ist Lachen vielleicht aus diesem Grunde auch so ansteckend? Probieren Sie es mal bei der nächsten Fahrt mit öffentlichen Verkehrsmitteln aus. Oder bei Ihrem nächsten Telefonat. Sie werden intuitiv fühlen, ob Ihr Gesprächspartner am anderen Ende der Leitung lächelt.

Kennen Sie auch das Lachen der Erleichterung, wenn sich ihr tiefer Schrecken in wohliges Nichts auflöst? Evolutionsbiologen vermuten, dass der Homo sapiens, der nach einem langen Kampf ein bedrohliches Tier (z. B. ein Mammut) besiegte und noch von Angst gezeichnet war, seinen Triumph lauthals lachend genoss. Ein befreiendes Gelächter unter Jägern wirkte zugleich auch verbindend.

Augenzwinkernd

So manches Lachen am Wirtshaus-Stammtisch klingt oft heute noch wie der Nachhall eines harten Kampfes. Körper zucken, Schenkel werden geklopft und die Zähne liegen blank!

Spätestens jetzt erkennt jeder Neuzeitmensch, dass sich unser Lachen von einer stummen zähneblеckenden Unterwürfigkeitsmimik der Primaten zu einem lauten beschwichtigenden Kommunikationssignal entwickelt hat.

Dieses Lachen müssen wir nicht wie Gehen und Sprechen erlernen. Es handelt sich vielmehr um ein so genanntes anthropogenes Verhaltensmuster, über das wir von Geburt an verfügen. Es ist als biologisches Erbe in unseren Genen gespeichert – wie das Saugen an der Mutterbrust, das Schlucken oder das Weinen. Daher können Taubblinde auch ebenso herzhaft lachen wie ihre Mitmenschen.

Aber unser Lachen ist auch sehr individuell: Es gibt keine zwei Menschen, bei denen die Melodie, die Frequenzverteilung und der Atemrhythmus des Lachens identisch sind. Sogar eineiige Zwillinge lachen unterschiedlich.

Bis heute noch verbindet uns weltweit das gleiche Lachen, aber wir sprechen viele unterschiedliche Sprachen (Fremdsprachen!), die uns trennen. Evolutionär betrachtet ist also das laute Lachen eine archaische menschliche Errungenschaft, die uns näher brachte und bringt. Seine Funktion fassen Anthropologen zusammen: Es zügelt negative Gefühle, deeskaliert Konflikte und entspannt stressige Situationen. Kurzum: Ein Lachen oder Lächeln vermag den aggressiven Fremden zu beschwichtigen und friedlich zu stimmen. Denn wer lacht, kann nicht gleichzeitig aggressiv sein. Schließlich gehen Menschen, die sich anlachen, immer aufeinander zu und nie voneinander weg.

Dieses archaische Signal verstehen wir heute in den Chefetagen globaler Konzerne ebenso wie vor einer Million Jahre.

Lachen ist auch im biologischen Sinne entwaffnend; es senkt den Adrenalinspiegel und damit unsere Anspannung. Der amerikanische Komiker Bill Cosby brachte es auf den Punkt: If you can laugh at it, you can survive it!

Wo sitzt das Lachen und wie funktioniert es?

Jahrhundertelang suchten Gelehrte nach dem Sitz des Lachens. Während des ganzen Mittelalters und in der Renaissance glaubten sie, es in einem Organ gefunden zu haben: der Milz. Da sie dem Zwerchfell am nächsten liegt, erschien dies auch plausibel. Wen wundert's also, dass das englische Wort für Milz „spleen" heißt. Ein Ausdruck, mit dem wir bis heute die komische Eigenart eines Menschen bezeichnen, die uns zum Lachen bringt.

Erst die moderne Neurologie spürte das Lachen im Gehirn auf, genauer gesagt in der frontalen Hirnrinde. Ende der 90er Jahre gelang es schließlich Neurologen, den Sitz des Lachens genauer zu lokalisieren: Im Großhirn am linken vorderen Stirnlappen nahe dem Sprachzentrum. Diese fingernagelgroße Stelle reagiert auf kurze Stromimpulse sehr empfindlich; wird sie gereizt, so lachen wir plötzlich und grundlos. Und je stärker die Stromstöße sind, um so schallender lachen wir.

Zunächst schienen die Forscher fündig geworden zu sein. Aber letztendlich hatten sie nur das letzte Glied in einer langen Reaktionskette gefunden, nämlich den motorischen Auslöser unseres Lachens. Neueren Erkenntnissen zufolge gibt es im Gehirn kein explizites Lachzentrum. Die Impulse, die unser Lachen auslösen, können aus vielen unterschiedlichen Hirnregionen kommen. Wenn wir gekitzelt werden, sind andere Gehirnbereiche aktiv, als wenn wir die Pointe eines Witzes erfassen oder uns einfach nur freuen.

So zeigen bildgebende Verfahren, dass der Weg eines Witzes sehr lang und komplex ist: Zunächst gelangt er über das Ohr ins Hörzentrum, von da wandert er weiter ins Zentrum für Sprachverständnis, wo er analysiert wird. Findet ihn unser Gehirn witzig – eine kognitive Entscheidung – aktiviert es ein emotionales Areal, damit wir Glück empfinden, und setzt dann zu guter Letzt das motorische Areal in Gang, das uns ein Lächeln auf's Gesicht zaubert.

Hi,hi,hi

Darüber lachen Schulkinder

Zwei Spatzen sitzen auf einer Telegrafenleitung. Unter ihnen isst ein Mann sein Butterbrot. Sagt der eine Spatz: „Wenn der uns nicht bald was abgibt, wird er mich von der anderen Seite kennen lernen!"

Es sind also drei Komponenten im Gehirn, die immer gemeinsam als Lach-Netzwerk aktiv werden: Kognition – Emotion – Motorik. Die Kognition sitzt im rechten frontalen Stirnlappen, die Emotion im limbischen System und die Motorik in der linken Hirnhälfte, der sogenannten supplementär-motorischen Rinde.

Nach gelungener Schwerstarbeit belohnt uns das Gehirn mit der verstärkten Ausschüttung von Glückshormonen. Sie sorgen für das Hochgefühl, das auf uns stimmungsaufhellend, luststeigernd und schmerzlindernd (→ Kap. 2 a) wirkt.

Das vordergründig einfach aussehende Lachen ist also ein hochkomplexer Vorgang, mit dem sich die Neurologin Barbara Wild (Universitätsklinikum Tübingen) beschäftigt. Es gelang ihr, Humor mittels der funktionellen Magnetresonanztomografie erstmals bei nicht hirngeschädigten Testpersonen sichtbar zu machen. Bunt gefärbte Flecken auf dem im Computer erzeugten Gehirnbild zeigen, wann und wo einzelne Hirnareale aktiv sind. So konnte Barbara Wild gemeinsam mit dem Psychologen Willibald Ruch (Universität Zürich) und dem Psychotherapeuten Appletree Rodden (Christliches Krankenhaus Quakenbrück) feststellen, dass beim Lachen zwei unterschiedliche Netzwerke aktiv sind: Eines für die Entstehung von echtem, mit Gefühlen verbundenem Lachen und ein anderes für das bloße Höflichkeits-Grinsen.

Außerdem spürten sie ein Hirnareal auf, das wie ein Schalter wirkt. Hier wird entschieden: „Lustig, lache!" oder „Nicht lustig, bleib ernst!" So kann dieser Schalter einem Menschen, der z. B. keine Ostfriesenwitze mag, die Erlaubnis zum Lachen verweigern.

Was die Forscher überraschte: Halten wir etwas für witzig, dann wird nicht etwa unser Lachen angeschaltet, sondern seine Unterdrückung wird ausgeschaltet. Das heißt also, dass wir ein Leben lang versuchen, unsere Mimik unter Kontrolle zu halten. Barbara Wild und ihre Kollegen vermuten, dass dieser Unterdrückungsmechanismus bei Kindern noch nicht funktioniert. Denn die betroffene Hirnregion, das Stirnhirn, reift erst spät heran. Vielleicht ist dies der Grund, warum Kinder so viel lachen.

Eine andere Forschergruppe ging der Frage nach, warum Lachen ansteckend ist. Schon die Geräusche lachender Menschen veranlassen das Gehirn sofort, die Gesichtsmuskeln auf das Mitlachen vorzubereiten. In der hierfür zuständigen Hirnregion befinden sich zahlreiche Spiegelneuronen[2]. Reagieren diese auch bei rein akustischen Signalen automatisch?

Dieser Frage ging die Neurowissenschaftlerin Jane Warren (vgl. 2007) und ihre Kollegen nach. Sie spielten Testpersonen verschiedene emotionale Laute vor und zwar für Triumph, Spaß, Angst und Ekel. Bei allen Hörbeispielen wurde der prämotorische Cortex aktiv, also der Hirnbereich, der die Bewegungsabläufe unserer Gesichtsmuskeln koordiniert. Aber seine Aktivität war bei den positiven Gefühlen – Lachen und Jubeln – deutlich stärker als bei Ekel und Angst. Das Forscherteam konnte also nachweisen, dass positive Emotionsgeräusche ansteckender sind als negative.

---

[2] Spiegelneuronen = Nervenzellen, die nur durch die Betrachtung einer Bewegung anderer Menschen aktiviert werden. Sie spiegeln also Bewegung auf nervlicher Ebene wider.

Allen Ernstes! – Es gibt eine Witzelsucht!

Es gibt Hirnschädigungen vor allem im vorderen, frontalen Abschnitt des Gehirns (Frontalhirnsyndrom), die eine so genannte Witzelsucht (med. Begriff: Moria) auslösen können. Betroffene sind überaus gut gelaunt, ergehen sich in Blödeleien und Witzen und brechen grundlos in Gelächter aus. Hirnforscher vermuten, dass bei Witzelsüchtigen das komplizierte Netzwerk von Kognition – Emotion – Motorik zusammengebrochen ist. Sie können ihre Lachimpulse nicht mehr so steuern, dass sie sozial verträglich sind.

Die Witzelsucht ist ein Komplex von psychopathologischen Symptomen: Geschwätzigkeit, überzogene Fröhlichkeit ohne äußeren Anlass, häufige scherzhafte meist unpassende Bemerkungen, sowie eine gewisse Distanzlosigkeit.

Manisch-depressive Patienten können in ihren manischen Phasen ähnliche Symptome zeigen.

Es lacht aber nicht nur das Gehirn sondern unser ganzer Körper. Und dabei betreibt er Hochleistungssport: Vom Bauch bis zum Gesicht lachen rund 300 verschiedene Muskeln mit, wobei der Lachmuskel, der Zygomaticus[3] für 15 Gesichtsmuskeln zuständig ist.

Wie wir wahrgenommen werden, hängt vor allem von unserer Mimik ab – dank der Vielfalt unserer Gesichtsmuskeln kann unser Gegenüber Rückschlüsse ziehen auf Alter, Geschlecht, Typ und aktuelle Gefühlslage und dies über alle kulturellen Grenzen hinweg.

---

3 Diesen Muskel entdeckte vor fast hundertfünfzig Jahren der Pariser Arzt Duchenne de Boulogne. Zur Erforschung der menschlichen Mimik befestigte er Testpersonen Elektroden im Gesicht und aktivierte ihre Muskeln mit Stromstößen. Dabei lokalisierte er in der linken und rechten Gesichtshälfte je einen Muskel, der die Mundwinkel nach oben zieht und uns lächeln lässt. Er nannte ihn „Muskel der Freude“, die moderne Anatomie spricht vom „Zygomaticus major“.

Wenn wir einen richtigen Lachanfall haben, drücken unsere Bauchmuskeln die Luft mit 100 km Geschwindigkeit hinaus. Wir atmen dann schneller und unsere Lunge nimmt rund drei- bis viermal mehr Sauerstoff als gewöhnlich auf. Unser Zwerchfell hüpft und wir stoßen rhythmische Laute aus, wovon jeder einzelne ca. 75 Millisekunden dauert und bis zum nächsten vergehen 210 Millisekunden. Es beginnt ein einzigartiger Marathon: viele Muskeln spannen sich an, der Blutdruck steigt, die Atmung wird schneller, die Lunge erhöht die Sauerstoffzufuhr, Kopf und Gesicht werden stärker durchblutet, die Herztätigkeit steigt, die Verdauung wird angeregt, das Zwerchfell vibriert und massiert die inneren Organe und schließlich machen uns stimmungsaufhellende Hormone glücklich!

Nach rund sechs Sekunden verebbt der Lachanfall und unser Körper ist absolut entspannt.

Übrigens, während dieses anstrengenden Ganzkörpereinsatzes erschlaffen die Beinmuskeln. Daher schwanken wir bei einem heftigen Lachanfall hin und her und kippen leicht nach vorne. Nach sechs Sekunden ist der Spaß erst einmal vorbei – vorausgesetzt, alles verläuft normal.

Augenzwinkernd

Wir sollten uns bei dieser positiven Kettenreaktion einen Lachanfall nach dem anderen gönnen. Aber Vorsicht: Auch die Blasenmuskulatur entspannt sich! Beim heftigen Lachanfall kann dies zu einem peinlichen Missgeschick führen, das Sie als Redewendung „sich vor Lachen in die Hose machen" sicher kennen.

Kapitel 2

Die Wissenschafts- und Kulturgeschichte des Lachens

Humor ist der Regenschirm der Weisen.
Erich Kästner

Lachen und Humor gehören zu den Universalien des menschlichen Denkens und Handelns. Das Lachen verrät nicht nur viel über den Lachenden selbst, sondern vor allem über seinen wissenschafts- und kulturhistorischen Sozialisationshintergrund.

Ein Blick in die Kulturgeschichte zeigt, dass ein offenes Lachen nicht immer als Inbegriff von Jugend, Attraktivität und Erfolg angesehen wurde. Über lange Zeiten war es streng reglementiert und von Tabus und Konventionen eingeengt. Wann wer wo über was und wie lachen durfte, lag nicht im freien Ermessen des Einzelnen, sondern war stets kulturellen Regeln unterworfen.

Die Wissenschafts- und Kulturgeschichte der Heiterkeit zeigt viele ernste aber auch viele witzige Seiten. Alle werde ich aufgrund der Vielfalt nicht aufzeigen können; sie füllen bereits viele Fachbücher. Aber eine witzige Seite im großen Buch der Humorgeschichte, liebe Leser, möchte ich für Sie aufschlagen, denn Sie werden staunen und lachen!

Wir kennen es alle, das Familienlachen von politischen Wahlkampfplakaten herab und das betörende, offenmundige Lachen der Stars und Sternchen, die uns mit ihren makellos weißen Zähnen von Kinoplakaten oder Illustrierten-Glanzblättern entgegenstrahlen. Diese Lacher werden Sie, lieber Leser, von nun an nicht mehr als selbstverständliche Bestandteile Ihres Alltag ansehen, denn es gibt sie noch nicht lange. Ein Blick in die Geschichte lehrt uns Erstaunliches: Zähne zeigen war in der Öffentlichkeit Jahrhunderte lang verpönt! Noch bis vor 50 Jahren schickte es sich für unsere Großeltern nicht, öffentlich zähnebleckend zu lachen. Auf alten Fotoalben ziert stattdessen ein kleines Lächeln ihre Mundwinkel. Selbst bei besonders freudigen Anlässen, z. B. einem Hochzeitsfest, zeigen uns unsere Vorfahren nur geschlossene Münder und eine strenge Mimik.

Aber warum bloß diese Zurückhaltung? Nun, dies geschah aus gutem Grund, denn ein offenes Lachen hätte früher den schlechten Zustand der Zähne offengelegt. Im Mittelalter gehörten Zahnleiden zu den häufigsten Erkrankungen, denn die stark faserreiche Kost zwang die Menschen zum intensiven Gebrauch ihrer Kauwerkzeuge. Auch fand sich in ihrer Nahrung häufig Sand, der die Zähne zunehmend abschmirgelte. Dies hatte

Vor- und Nachteile, denn die Zähne nutzten sich zwar im Laufe des Lebens enorm ab, aber aufgrund der mangelnden Fissuren konnte auch kein Karies entstehen. Dieses Übel kam erst mit der Einführung der Kartoffel! Sie sorgte als Kohlehydratlieferant zwar für das Ende der großen Hungersnöte, aber sie bescherte den Kariesbakterien neue Nahrung. Und die wüteten nach Herzenslust: Sie zerfraßen die Zahnsubstanz, es kam zu schmerzhaften Vereiterungen bis in den Kieferknochen und nicht selten zu tödlichen Blutvergiftungen. Außer Wunderheilern und Quacksalbern, die auf den mittelalterlichen Jahrmärkten unter großen Schmerzen und Spektakel die Zähne mit unhygienischen Werkzeugen zogen, hatte die damalige Medizin wenig zu bieten.

Aber es sollten für die Kariesbakterien noch goldenere Zeiten kommen. Im 15. und 16. Jahrhundert sorgten die großen Entdeckungsfahrten für den Import von Zucker und Kakao, aus denen erstmals köstliche Pralinés und Konfekt hergestellt wurden. Ein gefundenes Fressen für Karies mit dramatischen Folgen: Erste Zähne fielen im Jugendalter aus, die anderen faulten bis zur gänzlichen Schwärze, es klafften weithin sichtbare Zahnlücken. Ein Reisender beschrieb die englische Königin Elisabeth I. im Jahre 1598: „Die Königin steht in ihrem 65. Lebensjahr und wirkt sehr würdevoll: Ihr Gesicht ist länglich, ihre Haut hell, aber runzlig, ihre Augen sind klein, aber sehr dunkel und freundlich, sie hat eine leichte Hakennase, ihre Lippen sind schmal und ihre Zähne schwarz, ein Mangel, an dem die Engländer deshalb zu kranken scheinen, weil sie allzuviel Zucker verwenden."

Der desolate Zustand der Zähne führte auch zu unerträglichem Mundgeruch. Und wenn Sie, lieber Leser, den Gebrauch eines Fächers bislang als vornehme Geste der höfischen Etikette angesehen haben, so muss ich Sie enttäuschen. Am Hofe Ludwig XIV. (1638 – 1715) diente er als Sichtschutz für die schwarzen, maroden Zahnstummel, und er schützte die umstehende Gesellschaft vor dem bestialischen Gestank verfaulter Zähne und vereiterter Kieferknochen.

Viele nachfolgende Generationen litten unter diesem Schicksal. Erst die Verwissenschaftlichung der Zahnheilkunde brachte das allmähliche Ende der Zahntorturen. So entdeckte Wilhelm Conrad Röntgen im Jahr 1895 die bahnbrechenden X-Strahlen, die erstmals einen Knochendurchblick möglich machten. Ein Jahr später erkannte die Wissenschaft, dass die Kariesentstehung ein chemischer Prozess ist. Das neue Wissen

Allen Ernstes! – Ein Sonnenkönig ohne strahlendes Lachen

Der eitle Sonnenkönig Ludwig XIV. ließ sich auf Anraten seines Leibarztes alle faulen Zähne ziehen. Dabei musste er sehr tapfer sein, denn nun begann eine unerträgliche Tortur: Nachdem die Zähne aus seinem linken Oberkiefer gezogen waren, bildete sich ein Abszess, Kieferknochen- und Nasennebenhöhlen entzündeten sich. Sein behandelnder Arzt zögerte nicht lange und zog ihm – um die Schmerzen zu lindern (!) – die restlichen oberen Zähne. Aber dabei brach er ihm einen Teil des Gaumenbeines heraus und brannte „zum Zwecke der Desinfektion seiner Majestät das Loch im Gaumen mit einem glühenden Eisenstab" aus. Ludwig XIV. hatte nun nicht nur ein entstelltes Gesicht und ständige Schmerzen, sondern beim Weintrinken sprudelte die Hälfte durch das Gaumenloch aus seiner Nase heraus! Aber damit war es noch nicht gut! Weiterhin voller Vertrauen auf seine Leibärzte ließ er sich auch noch alle unteren Zähne entfernen, wobei sein Unterkiefer brach. Dermaßen verunstaltet und maltretiert blieb der große Sonnenkönig in seinen letzten Jahrzehnten zahnlos. Sein Essen musste er bis zu seinem Tod unzerkaut schlucken.

führte zu neuen Methoden in der Zahnmedizin und die Bismarck'sche Sozialgesetzgebung sorgte dafür, dass die Zahnbehandlung für alle bezahlbar war. Die Zahnerkrankungen nahmen nun stetig ab und der Wunsch nach Pflege mit Zahnbürste und -pasta wuchs. Rasch entstand ein neuer Industriezweig, der das aufkommende Bedürfnis nach gesunden, strahlend weißen Zähnen gerne stillte. Und dies kam letztendlich dem Lächeln und Lachen zugute. Rasch rückte das offenlippige Lachen mit makellosen Zähnen in die Öffentlichkeit und galt plötzlich als schick.
Spätestens Ende der 50er Jahre, als die Big Smile Lächelwelle aus den USA nach Europa schwappte, wurde das herzhafte Lachen in Europa endgültig gesellschaftsfähig. Zu Beginn des 20. Jahrhunderts gingen die ersten Dentalhygieniker an die Schulen, wo sie bis heute Kindern das korrekte Zähneputzen zeigen.

Dieser kurze Rückblick in unsere Zahngeschichte zeigt eindrucksvoll, dass die große Wissenschafts- und Kulturgeschichte des Lachens nicht vor kleinen Bakterien gewappnet ist.

Augenzwinkernd

Wenn Sie, lieber Leser, beim nächsten Praxisbesuch Ihren Zahnarzt freudig anlächeln, dann vergessen Sie nicht, sich bei ihm – stellvertretend für seine Vorgänger – für diese glücksbringende Errungenschaft des freien Lachens zu bedanken.

Die Medizin des Lachens

Lachen ist wie ein Aspirin,
es wirkt nur doppelt so schnell.
Groucho Marx

Die weise Erkenntnis des Volksmundes „Lachen ist die beste Medizin!" hat lange Tradition. Bereits im 13. Jahrhundert stellte der Chirurg Henri de Mondeville fest, dass Lachen eine schnellere Rekonvaleszenz nach Operationen herbeiführte.
Ebenfalls einem Arzt aus dem Mittelalter wird diese Aussage zugeordnet: „Der Patient sollte alle Sorge und Traurigkeit vermeiden. Bereite ihm Freude und Vergnügen mit all der Hilfe, die er schätzt."

Dieser bis ins späte 19. Jahrhundert vorherrschende Glaube an die Heilkraft des Lachens ging im Laufe der Industrialisierung, der rasanten Entwicklung der Schulmedizin und der empirischen Forschung weitgehend verloren. Auf die heilsame Wirkung des Lachens besann man sich erst wieder seit 1970. Heute hat sich die Gelotologie als ernst zu nehmende Wissenschaft des Lachens in der Forschungswelt etabliert (→ S. 53).
Hierzu trug maßgeblich das in der Lachforschung legendäre und oft zitierte Fallbeispiel des Journalisten Norman Cousins bei.

Allen Ernstes! – Ein Journalist lacht seine Schmerzen weg

Der amerikanische Chefredakteur und Buchautor, Norman Cousins, wurde in den 60er Jahren nach einem Auslandsaufenthalt mit Fieber, Unwohlsein, starken Schmerzen und zunehmenden Lähmungserscheinungen in ein Krankenhaus eingewiesen. Dort diagnostizierten die Ärzte eine beginnende Spondylitis ankylosans, eine seltene und sehr schmerzhafte Autoimmun-Erkrankung des Rückenmarks und der Gelenke, bei der die Zellen sich selbst zerstören. Cousins Überlebenschance stand bei 1:500. Da ihn die Schulmedizin aufgegeben hatte, verließ der 49-Jährige auf eigenen Wunsch das Krankenhaus. Um ihn von den quälenden Schmerzen etwas abzulenken, besorgte ihm ein Kollege viele Comedy-Filme. Cousins schaute sich tagelang diese Filme an und machte eine bahnbrechende Entdeckung: Nach anhaltenden Lachsequenzen ließen seine Schmerzen nach, verschwanden für ein paar Stunden sogar gänzlich und in dieser Zeit konnte er phasenweise durchgehend schlafen.

Aus vielen Wissenschaftsbeiträgen wusste er von der unheilvollen Kraft negativer Gedanken auf das Imunsystem. „Umgekehrt müsste ein konsequent hervorgerufener, permanent positiver Gefühlszustand den gegenteiligen Effekt haben", schlussfolgerte Cousin. Begleitend zu den Maßnahmen der Ärzteschaft therapierte er sich nun selbst mit einer systematischen Lachkur: Monatelang sah er sich Filme von berühmten Komikern an und ließ sich witzige Bücher vorlesen. Seine Schmerztherapie bestand aus nur einem Medikament: Ausgelassenem Lachen!

Im Laufe dieses Lachtrainings ging die Entzündung seiner Gelenke zurück, und nach zehn Monaten war er nahezu schmerzfrei. Seine behandelnden Ärzte konnten die Schmerzlinderung und seine allmähliche Genesung durch regelmäßige Laborbefunde bestätigen.

Cousins, der aufgrund seiner eigenen Erfahrungen zum ersten Lachforscher wurde, fasste seine Gedanken später zusammen: „Die besten Ärzte sind nicht nur außergewöhnliche Diagnostiker, sondern Menschen, die

die phänomenale Energie (und daher die heilende Tendenz) verstehen, die aus der Fähigkeit eines Individuums erwächst, sich eine optimistische Haltung in Bezug auf alle menschlichen Probleme zu erhalten. Es ist eine Perversion des Rationalismus zu argumentieren, dass Worte wie Hoffnung, Glaube, Liebe, Schönheit – oder Lachen – ohne physiologische Bedeutung wären. Die wohltuenden Emotionen sind nicht nur notwendig, weil sie gefallen, sondern weil sie eine regenerative Kraft in sich tragen." (1981)

Der schließlich genesene Norman Cousins engagierte sich als Humorforscher an der University of California in Los Angeles. Entgegen aller düsterer Prognosen seiner behandelnden Ärzte lebte er noch sechzehn Jahre relativ gesund.

Sein Buch „Anatomy of an Illness", das er 1976 veröffentliche, gab den Startschuss für die medizinische und neurologische Erforschung des Lachens. Und Cousins Krankheitsgeschichte lieferte den anschaulichen Beweis für die Selbstheilungskräfte des Körpers. In späteren Jahren modifizierte Cousins seine Entdeckung dahingehend, dass Humor als eine Metapher für viele positive Gefühle zu verstehen sei.

Im Jahre 1990 starb der Entdecker der unorthodoxen aber heilsamen Lachtherapie an einem Herzleiden.

Norman Cousins Erfahrungen nutzte später der Arzt Patch Adams. Er gründete in Arlington (US-Staat Virginia) sein eigenes Krankenhaus – das Gesundheits-Institut (!) – und integrierte dort Humor als medizinisches Heilmittel. Hier begegneten die Patienten dem Arzt als freundschaftliche, humorvolle Vertrauensperson. Dabei kannte der exzentrische Adams (Pferdeschwanz, langer Bart, bunte Kleidung) keine Tabus. So trat er z. B. Todkranken als Engel gegenüber. „Das macht Freude, das hilft! Wenn ich auftrete, dann haben die Patienten keine Zeit mehr, an ihre Krankheit zu denken!", meinte er. Über diese revolutionäre Einführung des Humors in Krankenhäusern wurde 1999 der bekannte Film „Patch Adams" gedreht, in dem Robin Williams die Hauptrolle spielte.

Aber Vorsicht, das Lachen allein vermag einen kranken Menschen nicht völlig gesund zu machen! Aber als präventive und begleitende Therapie kann es sehr erfolgreich sein. Aus medizinischer Sicht gibt es mindestens sechs gute Gründe, das Lachen zu pflegen:

1. Lachen setzt Glückshormone frei und reduziert die Stresshormone.

Bereits 1953 entdeckte die Neurophysiologie das Lustzentrum im Gehirn, genauer im limbischen System. Von nun an war klar, dass unser Gehirn in der Lachphase von Hormonen (Neurotransmitter) überschwemmt wird. Das Dopamin stärkt unsere Aufmerksamkeit und Konzentration, das Serotonin löst eine Art Rauschgefühl aus und die Endorphine schenken uns ein Gefühl der Zufriedenheit. Gleichzeitig sinkt der Spiegel des Stresshormons Epinephin. Wenn wir kräftig lachen, setzt unser Körper auch solche hormonellen Botenstoffe (Adrenalin, Noradrenalin, Beta-Endorphine) frei, die eine dem Morphium ähnliche Wirkung haben. Sie sorgen nicht nur für unser Hochgefühl, sondern haben vor allem eine entzündungshemmende Wirkung, die sicher auch dazu führte, dass Norman Cousins nach einer kräftigen Lachdosis schmerzfrei einschlafen konnte. Diese im Gehirn startende hormonelle Glückswelle breitet sich beim Lachen in unserem ganzen Körper aus.

2. Lachen stärkt unser körpereigenes Immunsystem.

Lachen erhöht die Anzahl und die Aktivität von Killerzellen und Antikörpern. Sie sind lebenswichtig für die körpereigene Abwehr von Viren, Bakterien und Tumorzellen. Dies belegte eindrücklich das 1994 von Dr. Lee S. Berk (Loma Linda Universität, Kalifornien) durchgeführte Experiment: Die Testpersonen wurden in zwei Gruppen von je fünfzig gesunden Personen eingeteilt. Die Gruppe 1 wurde vorbereitet, sich ein einstündiges Humor-Video anzusehen. Den Zuschauern wurde eine halbe Stunde vor, eine halbe Stunde nach Beginn, eine halbe Stunde nach Ende und zwölf Stunden nach der Videovorführung mehrere Blutproben entnommen. Die Testpersonen aus Gruppe 2 dagegen sahen kein Humorvideo, auch ihnen entnahm man in den gleichen Zeitabständen wie Gruppe 1 Blutproben. Anschließend wurden bei den Testpersonen beider Gruppen die Anzahl und die Aktivität der natürlichen Killerzellen, des Plasma-Immunglobulins und verschiedene Zytokine (Bestandteile der weißen Blutzellen) gemessen. Die Blutproben der Gruppe 1 wiesen eine höhere Aktivität der Killerzellen und des Immunglobulins auf, wobei einige der Immunglobulin-Effekte sogar nach zwölf Stunden noch anhielten. Immunglobuline sind Eiweißkörper, die aus dem Blut in den Speichel gelangen und bereits im Mundraum viele Viren und Bakterien abwehren. Aber bei Stress und bei negativem psychischen Befinden sinkt die Anzahl dieser Immunglobuline, so dass wir anfälliger für Infektionen sind (Berk 1994, 1996). Ebenso stellte das Team um Dr. Berk fest, dass im Blut nach einem herzhaften Lachanfall vermehrt Zytokine auftraten insbesondere Gamma-Interferon. Dieses Zytokin, das von unserem Immunsystem produziert wird, wirkt antiviral und hemmt die Vermehrung von Tumorzellen.

3. Lachen verbessert die Leistungsfähigkeit unseres Atmungsapparates.

Es steigert den Sauerstoffgehalt im Blut und erweitert das Lungenvolumen. US-Forschern in Boston, die in ihrer Studie acht Jahre lang die Lungen von 670 Männern untersuchten, wiesen nach: Die Lacher hatten bessere Lungenfunktionen. Dabei spielte es keine Rolle, ob sie Raucher waren!

Der Therapeut und Autor Michel Titze (1985) untersuchte die Auswirkungen des Lachens auf die Atmung und die Muskeln: „Aufgrund der intensiven Lachatmung wird die Lunge mit reichlich Sauerstoff versorgt. Dadurch ergibt sich einerseits ein kathartischer, also reinigender Effekt für die Inhaltsstoffe des Blutes ... Im Lachen werden auch die Brustmuskeln aktiviert, was die Voraussetzung für einen erhöhten Gasaustausch in der Lunge schafft. Der Hauptmuskel für das Einatmen ist das Zwerchfell. Dieses wird beim Lachen stark aktiviert, so dass die Atemkapazität bedeutend erhöht wird ... Es wird geschätzt, dass der Wert des Gasaustausches während des Lachens das Drei- oder Vierfache desjenigen im Ruhezustand erreicht."

Lachend entleeren wir aus unserer Lunge vollständig die alte Luft und tauschen sie durch sauerstoffangereicherte Luft aus. (vgl. Rubinstein 1985). Diese lachende Ausatmung geschieht in rasantem Tempo: Mit ca. 100 km/h schießt Luft aus unserer Lunge! Auch die bei normaler Atmung oftmals in der Lunge verbleibende Restluft pressen wir lachend heraus. Ganz wichtig, denn sie bildet aufgrund ihrer Feuchtigkeit die ideale Brutstätte für diverse Bakterien.

Übrigens: Diese lachende Ein- und Ausatmung trainiert zugleich unsere Stimmbänder und versetzt sie in hohe Schwingungen. Die männlichen Stimmbänder schwingen dann 280-mal pro Sekunde und die weiblichen sogar bis zu 500-mal.

Darüber lachen Erwachsene

Die Klitschko-Brüder radeln in den Biergarten und stellen fest, dass sie ihre Fahrradschlösser vergessen haben. Nach kurzer Überlegung befestigen sie an ihren Rädern einen Zettel mit dem Text: „Finger weg – diese Räder gehören den Klitschkos!"
Nach dem Biergartenbesuch ist eins der zwei Räder gestohlen. Auf dem verbliebenen Zettel steht schwungvoll drunter geschrieben: „Verfolgung zwecklos – Erik Zabel!"

4. Lachen kräftigt unser Herz, stabilisiert den Kreislauf und verbessert unsere Durchblutung.

Wenn wir lachen, erhöht sich zunächst unser Herzrhythmus, um später dauerhaft abzusinken. Die Muskulatur unserer Arterien entspannt sich und das Volumen unserer Gefäße steigt an.

In einer 1996 von Dr. Berk durchgeführten Studie wurden Herzinfarkt-Patienten in ihrem Krankheitsverlauf beobachtet. Wieder gab es eine Experimental- und eine Kontrollgruppe, wobei man der Experimentalgruppe 30 Minuten lang pro Tag ein Humor-Video zeigte. Die Forscher fanden heraus, dass diese Patienten weniger Herz-Rhythmus-Störungen und einen geringeren Blutdruck aufwiesen, weniger Beta-Blocker benötigten und somit ein geringeres Infarktrisiko hatten.

So wies im Jahr 2001 eine große Studie (300 Personen, davon 150 nach einem Herzinfarkt und 150 Herzgesunde) der Universität Maryland (USA) nach, dass Lachen den Herzmuskel kräftigt, die Innenwände der Blutgefäße schützt und den erhöhten Blutdruck senkt. Die Wissenschaftler um Michael Miller zeigten 20 gesunden Testpersonen in einem Abstand von mindestens 48 Stunden eine Sequenz jeweils aus einer Komödie und einem Kriegsdrama. Vor und nach der Vorführung überprüften die Wissenschaftler per Ultraschall die Durchblutung der Hauptschlagader des Oberarms. Für ein stabiles Herz-Kreislauf-System empfehlen die Wissenschaftler – außer regelmäßiger sportlicher Aktivität – täglich mindestens 15 Minuten lang zu lachen. Dann rasen die roten Blutkörperchen mit voller Geschwindigkeit durch unsere Arterien, kleine Muskeln werden aktiv und weiten die Arterienwände, unsere Gefäße erhöhen ihr Volumen, das Blut kann besser fließen, der Blutdruck sinkt, der Herzschlag verlangsamt und unser Herz erholt sich. Für unsere Blutgefäße ist häufiges Lachen also fast so gesund wie regelmäßiger Sport.

5. Lachen setzt unsere Schmerzempfindlichkeit herab und erhöht die Wachsamkeit unseres Gehirns.

Dies wies der Lachforscher Paul McGhee (1983) in einem Experiment nach. Er bat die Testpersonen, ihre Hand in eiskaltes Wasser zu tauchen, was nach gewisser Zeit sehr weh tut. McGhee stellte mit dieser sogenannten „cold pressor task"-Methode fest, dass sich die Schmerzgrenze nach oben verschob, wenn die Testpersonen gleichzeitig ein lustiges Video betrachteten. Den Schmerz maß er über den Blutdruck und zwar während des Kältebades, kurz danach und 30 Minuten später.

Es folgten weitere Studien über den Humor als klinisches Mittel der Schmerzreduzierung. So stellte auch der Züricher Psychologe Willibald Ruch (2005) bei der Gruppe mit Humorintervention eine signifikante Schmerzminderung fest. Wie ist dieses Phänomen erklärbar? Wenn wir uns an einer Körperstelle verletzen, so melden Nervenzellen unserem Gehirn den erlittenen Schaden. Erst nach seiner Registrierung im Gehirn fühlen wir den Schmerz. Wir verfügen in unserem Gehirn über mehrere Systeme, die schmerzhemmende Signale aussenden können. An einem dieser Systeme sind Nervenzellen beteiligt, die Endorphine benutzen, um Signale zu übertragen. Vieles spricht dafür, dass mit der Ausschüttung von Endorphinen während des Lachens unser Schmerzreiz unterdrückt wird, wobei die Hormone eine wichtige Transmitterrolle spielen. So wird der ehemals starke Schmerzreiz wohl geringer dosiert weitergeleitet.

Allen Ernstes! – Lachgas wirkt schmerzstillend

Wieder war's ein Selbstversuch, der der Medizin eine kostbare Entdeckung bescherte. So beobachtete 1799 der Chemiker Humphry Davy als erster die schmerzstillende Eigenschaft des Lachgases. Und 1844 verwendete es der Zahnarzt Horace Wells aus Hartford (Connecticut) erstmals als Narkosemittel bei Zahnextraktionen. Auf einer damals üblichen Jahrmarktattraktion beobachtete er, dass ein Mann sich nach dem Einatmen von

Lachgas torkelnd am Oberschenkel verletzte und offensichtlich keine Schmerzen verspürte. Eine revolutionäre Entdeckung für die Medizin! Lachgas (Distickstoffmonoxyd) wird bis heute – meist mit Sauerstoff oder anderen Narkosemitteln kombiniert – bei leichteren, operativen Eingriffen angewendet. Unklar ist, ob der Name „Lachgas" von der Euphorie herrührt, die den Patienten zum Lachen bringt, oder ob Beobachter die auftretenden Krämpfe des Zwerchfells als Lachen interpretierten.

6. Lachen trainiert unsere Muskeln.

Unsere Atmung funktioniert vor allem über die Muskulatur des Brustkorbs. Die Muskeln, die für das Ausatmen verantwortlich sind, liegen zwischen den Rippenbögen. Sie werden auch beim Lachen aktiviert und fördern die Lungenelastizität.
Lachen trainiert 240 von insgesamt 630 Körpermuskeln im Gesicht, im Bauch, in den Schultern, im Nacken, in den Armen usw. Neueste Studien haben gezeigt, dass Lachen aufgrund der verbesserten Durchblutung auch Knochen, Sehnen und Bänder stärkt. Die verstärkten Zwerchfellbewegungen massieren unsere inneren Organe und fördern somit unsere Verdauung. Der Pariser Neurologe und Lachforscher Dr. Henri Rubinstein (1985) meint, dass die Wirkungen unseres Lachens mit denen eines maßvollen Muskeltrainings vergleichbar seien. Auch wenn die muskuläre Anstrengung des Lachenden unfreiwillig ist, so ist der Energieaufwand sehr beeindruckend: Drei Minuten Lachen entsprechen ca. 15 Minuten Jogging!

Auch wenn die medizinische Forschung über den heilsamen Nutzen des Humors noch in den Kinderschuhen steckt, so ist doch eines unumstritten: Lachen hat keine negativen Nebenwirkungen auf unseren Körper, ganz im Gegenteil!

Die Psychologie des Lachens

**Die Seele nährt sich an dem,
an dem sie sich freut.**
Augustinus

Unser Lachen ist zum Glück mehr als nur eine Anreihung von neurochemischen und medizinischen Daten. Es löst mehr als nur ein hüpfendes Zwerchfell und eine gesteigerte Endorphinausschüttung aus. Das wusste schon die schmerzgeplagte Malerin Frida Kahlo (1907 – 1954) als sie vor 60 Jahren in ihr Tagebuch schrieb: „Nichts ist für's Leben wichtiger als das Lachen. Lachen bedeutet Stärke, Selbstvergessenheit und Leichtigkeit."[4]

Lachen ist Medizin für Körper und Psyche. Als erster nutzte Alfred Adler (1870 – 1937), der Begründer der Individualpsychologie, humoristische Elemente in seinen therapeutischen Sitzungen. Er ging davon aus, dass Lachen das Selbstvertrauen seiner Patienten stärkt. Und Sigmund Freud (1856 – 1939), der Begründer der Psychoanalyse, beschäftigte sich in seinem Buch „Der Witz und seine Beziehung zum Unbewussten" mit der psychosozialen Bedeutung von Humor und Komik. Humor sei – so meinte Freud – ein Ventil für Verdrängtes, ein Mittel der psychischen Entlastung von einem nervösen Energiestau. Lachen ist willentlich nicht steuerbar, es geschieht reflexhaft und nicht selten aus Eigennutz: „Das Lachen gehört zu den im hohen Grade ansteckenden Äußerungen psychischer Zustände; wenn ich den anderen durch die Mitteilung meines Witzes zum Lachen bringe, bediene ich mich seiner eigentlich, um mein eigenes Lachen zu erwecken."[5]

Auch die Psychotherapeuten Erik H. Erikson (1902 – 1994), Schüler von Anna Freud, und der Adler-Schüler Viktor Frankl (1905 – 1997) hielten Humor für ein wichtiges therapeutisches Element.

Der Psychologe Anthony Salameh (Institue of Integrative Psychotherapy, San Diego, Kalifornien) zählt drei positive Aspekte des Humors in der Psychotherapie auf:

---

[4] vgl. Kroll 2007
[5] Freud 2001, S.169

1. emotional: Humor löst Hemmungen, reaktiviert verdrängte Gefühle, erleichtert den spontanen Gefühlsaustausch in therapeutischen Sitzungen.
2. kognitiv: Humor regt kreatives Potenzial an, fördert die Entscheidungsfindung und den Perspektivenwechsel, hilft rigide Verhaltensmuster durch flexiblere zu ersetzen.
3. kommunikativ: Humor wirkt entspannend und anregend zugleich, reduziert den Überlegenheitsanspruch des Therapeuten, schafft ein konstruktives, offenes und gleichwertiges Arbeitsklima.[6]

Angesichts dieser positiven Effekte ist es erstaunlich, dass das Lachen lange Zeit in der Psychotherapie einen Dornröschenschlaf hielt. „Dabei befreit Lachen. Und was vielleicht noch wichtiger ist: Es zeigt uns, dass wir jederzeit den Blick auf die Dinge wechseln können", meint die Neurologin und Leiterin der Arbeitsgruppe Humorforschung (Psychiatrische Universitätsklinik Tübingen) Dr. Barbara Wild.

Wir lachen auch über das, was uns eigentlich Angst macht. Dann haben wir zwar ambivalente Gefühle, aber verhindern zugleich, dass unsere Aggressionen offen ausbrechen. Die Psychologie nennt dies Besetzung und Gegenbesetzung. Lachen ist also eine Art Sicherheitsventil, um den Druck der Anforderungen von anderen und von uns selbst zu verarbeiten.

Nur sehr ungern und selten lachen depressive Menschen. Ihr Humor versteckt sich hinter einer großen Trauer. Die Psychiaterin Irina Falkenberg (Universitätsklinik Tübingen) ging in ihrer Studie der Frage nach, ob Humor für die Behandlung von Depressiven hilfreich ist. „Wir wollten einen anderen Weg wählen. Die Patienten erfahren in den Therapiegesprächen jede Menge über ihr Leiden – das ist eher bedrückend. Wir wollten ihnen etwas Aufmunterndes anbieten."[7]

Auch wenn diese Studie keine repräsentativen Ergebnisse vorzuweisen hat, so ist doch eines gewiss: „Die Patienten hatten viel Freude an den Sitzungen. Sonst schwänzen sie mal gerne – zu dieser Therapie sind fast immer alle erschienen."

Denn Lachen tut uns allen psychisch gut. Es baut emotionale Spannungen ab, verhilft uns zu einem Wechsel der Blickrichtung, bricht eingefahrene Denkmuster auf,

---

[6] vgl. Salameh 2007

[7] Falkenberg 2008

Hi,hi,hi

Darüber lachen Kindergartenkinder

Fritzchen streut Kakao ins Hühnerfutter. Als seine Tante fragt „Was machst Du da?", antwortet Fritzchen „Ich will, dass die Hühner Schokoladen-Eier legen!"

entschärft unsere Konflikte, mindert unsere Angst, baut Stress ab, holt uns aus depressiven Verstimmungen heraus, bringt uns ins innere Gleichgewicht und fördert somit unser kreatives Denken.

Besonders in Kinderkliniken findet diese Idee, dass Lachen die kleinen Patienten psychisch genesen lässt, immer mehr Anklang. Sie entstand in den USA, wo sie von Michael Christensen, dem Gründer der Klinik-Clown Bewegung (Big Apple Circus, New York), entwickelt wurde. Seit Mitte der 80er Jahre wirken 60 Clowns in den Kinderstationen der New Yorker und Bostoner Kliniken.

Nach dem New Yorker Vorbild gründete 1994 Laura Fernandez den Verein „Die Clown Doktoren" in Wiesbaden (→ s. Kap., Wertvolle Adressen). Auch die Wiener Kardiologin Suzanne Rödler entwickelte Konzepte zur Clowntherapie mit chronisch Kranken. Sie ist Initiatorin des Vereins „CliniClowns" in Österreich. Allmählich setzte sich die Idee der Clown-Doktoren auch in Deutschland durch. So eroberte Ernst J. Kiphard (1999) die Herzen der Kinder zunächst als Zirkusclown, bevor er Professor für Psychomotorik wurde.

Die Universitätsklinik in Münster, wo Clowns seit 10 Jahren arbeiten, konnte nachweisen, dass sich Kinder nach Clownbesuchen wesentlich besser fühlen. Sie scheinen instinktiv zu spüren, dass sie das Lachen zum Überleben brauchen. In Deutschland kommen jährlich 1 Million Kinder ins Krankenhaus, denen ein solches *Lachen auf Rezept*[8] helfen würde, insbesondere auf den Kinder-Krebsstationen. Kinder erleben das Krankenhaus mit seiner Apparate-Medizin als bedrohlich, steril, gefühlsarm und spielfeindlich.

---

[8] vgl. Kiphard 1998

Wer könnte da besser helfen, als die kindgerechte Figur des Clowns mit den lustigen Requisiten (übergroßes Fieberthermometer, quietschender Reflexhammer usw.), skurrilen Diagnosen und witzigen Therapievorschlägen (z. B. tägliche Limonadeneinläufe)?

Denn schließlich kann der Clown auf eine altbewährte Tradition zurückgreifen.

Allen Ernstes! – Der Clown ist ein altbewährter Medizinmann!

Mit seiner Jahrtausende alten Geschichte gilt der Clown in vielen Kulturen als Medizinmann, als Stammesheiliger, als Spaßmacher, der die Traurigkeit verjagt und die Wahrheit repräsentiert. In heiligen Kultorgien im alten Ägypten, im antiken Griechenland und im alten Rom durchbrachen Clowns mit ihren Späßen das Heilige und das Unantastbare. Sie stellten Tabus und den Absolutheitsanspruch von Religion in Frage. Heute ist uns davon der Karneval/Fasching geblieben.
In seiner historischen Karriere war der Clown mal Hofnarr, mal Gaukler und im späten 19. Jahrhundert konnte man ihn als dummen August im Zirkus antreffen. Aus der Sicht der Indianer hat der Clown jede Angst vor Schuld, Schmerzen, Krankheit und Tod überwunden. Mit seinem Lachen führt er die Menschen aus der Dunkelheit der Erde ans Licht der Sonne.
Viele nord- und südamerikanische Indianerstämme (Navajo, Sioux, Hopi, Cheyenne), die Ureinwohner der Südsee, die australischen Aboriginees, die Maori in Neuseeland, die Tibeter und Afrikaner oder gar unsere Vorfahren, die Kelten, sie alle schätzten den Clown. Bis heute ist er noch in einigen Naturvölkern dafür zuständig, die Menschen in Notzeiten (z. B. Hungersnot, Unwetter) bei guter Stimmung zu halten.

Übrigens: Es gibt Menschen, die unter Coulrophobie leiden d. h. unter einer krankhaften Angst vor Clowns!

Der Clown verkörpert das heitere Kind mit seiner unbändigen Lebensfreude und staunenden Neugierde. Auch wenn der Clown mal ausrutscht und scheinbar scheitert, so gibt er doch niemals auf. Er findet immer eine Lösung und das macht allen Kindern Mut. Anstelle von Schmerz und Sorge setzt der Clown Lachen und Zuversicht.

Auch in Deutschland ist der therapeutische Humor auf dem Vormarsch. Seit Juni 1994 versorgt in Wiesbaden der Verein „Die Clown-Doktoren" die Kinderkliniken in der Umgebung mit guter Laune. Oberclown Laura Fernandez ist überzeugt, dass sie mit der Kraft des Humors helfen und die medizinische Therapie unterstützen kann. Immerhin, so die quirlige Clownin, würden 93 % der Kinder den Klamauk in der Klinik freudig annehmen. Seit 1998 finden Clownvisiten in bayerischen Kinderkliniken statt, und der Chefarzt der Kinderchirurgie Prof. Dr. Kellnar (Klinikum Dritter Orden in München) ist überzeugt von ihrer heilenden Wirkung: „Nach einer Operation spielen die Klinik-Clowns eine sehr große Rolle, sie lenken die Kinder von ihren Schmerzen ab. Insgesamt bringen sie den Körper in der Genesung viel weiter, weil sie durch eine positive Lebenseinstellung den Organismus stärken und auch die Heilung beschleunigen."

Auch wenn noch keine wissenschaftliche Erfolgsstatistik vorliegt, so ist doch eines gewiss: Kinder lieben die Clowns in weißen Kitteln!

Und eine zweite Patientengruppe spricht sehr positiv auf eine lustige Behandlung an: alte Menschen. Längst ist der *Therapeutische Humor*[9] zu einem ernst zu nehmenden Begriff im Gesundheitswesen avanciert. Zu seinen Wegbereitern zählt der Nervenarzt und Psychogerontologe Rolf Hirsch (1990). Als Chefarzt setzte er den Humor gezielt in der Altersheilkunde, der Geriatrie, ein.

Die Soziologie des Lachens

Man kann niemals genug über die Vorzüge,
die Gefahren und die Macht
gemeinsamen Lachens sagen.
Francoise Sagan

Unser Lachen erfüllt als tradiertes zwischenmenschliches Signal unterschiedliche soziale Funktionen:

---

[9] vgl. Titze/Eschenröder 1998

Kommunikativ-bindende Funktion

Ein Lächeln oder Lachen schlägt die Brücke vom Ich zum Du. Diese kommunikative Funktion beschrieb bereits um 1900 der französische Philosoph Henri Bergson: „Das Lachen bedarf offenbar des Echos. Unser Lachen ist stets das Lachen einer Gruppe. Das freieste Lachen setzt immer ein Gefühl der Gemeinsamkeit, fast möchte ich sagen, der Hehlerschaft mit anderen Lachern voraus."[10]

Wenn wir ein an uns gerichtetes Lächeln wahrnehmen, so fühlen wir uns veranlasst, zurückzulächeln. Dies nicht zu tun, würde uns sehr schwer fallen, denn wir würden eine ablehnende Botschaft bzw. ein Zeichen von Desinteresse signalisieren. Diese auf Blickkontakt basierende soziale Interaktion üben und festigen wir in der frühen Mutter-Kind-Beziehung (→ Kap. 5).

Über das Lächeln und Lachen suchen Säuglinge die Zuwendung eines Sozialpartners, eines zuverlässigen Verbündeten in einer Welt, der sie schutzlos ausgeliefert sind.

„Lächeln und Lachen sind heute vor allem sozialer Klebstoff", sagt der Humanbiologe und Mimikforscher Carsten Niemitz (Freie Universität Berlin). Er geht davon aus, dass ca. 80 % unseres Lachens nicht auf Humor beruht, denn „wir lachen nicht nur, weil etwas lustig ist, sondern vor allem, um soziale Bindungen aufzubauen." Am Beispiel einer Gruppe von Reisenden, die sich untereinander nicht kennen, verdeutlicht Niemitz: „Die lachen am ersten Tag signifikant häufiger als auf dem ganzen Rest der Reise. Damit bilden sie soziale Strukturen, sie klären: Wer lacht mit wem? Und wer lacht nicht mit wem? Wer gehört zusammen und wer nicht?"

Wir lachen, um unseren Mitmenschen etwas mitzuteilen. Lachen ist also vor allem ein Kommunikationmittel, das wir bewusst und unbewusst einsetzen, sozusagen eine nonverbale Sprache der Bindung. So beobachtete der amerkianische Neurowissenschaftler und Psychologe Robert Provine (2000) in einer großen Studie, dass wir am häufigsten in Gesprächen lachen. Die gesprächsanalytische Forschung ordnet dem Lachen vielfältige Aufgaben zu. Es stellt Intimität her, hilft heikle Themen auszuhandeln und regelt Machtverhältnisse.[11]

Das Lachen verbindet uns als soziale Gruppe, es schafft ein starkes Wir-Gefühl. Wenn wir z. B. gemeinsam über eine Pointe lachen, so stellen wir einen Einklang in

---

[10] Bergson 1948, S. 9

[11] vgl. Thimm & Augenstein 1996

Darüber lachen Schulkinder

Ein Känguruh hüpft munter durch den australischen Outback. In scinem Beutel sitzt ein junger Pinguin und schwitzt. Er wischt sich den Schweiß von der Stirn und flucht: „Blöder Schüleraustausch!"

unseren Sichtweisen her. Dieses einschließende Lachen, das Individueen und Gruppen gleichermaßen zu integrieren vermag, kann aber auch ausschließend wirken.

Ordnende Funktion

Wer lacht wann und wie lange mit wem? Diese Frage liefert uns nicht nur Antworten über die Kommunikationsstruktur einer Gruppe, sondern insbesondere über ihre hierarchische Ordnung. Denn Lachen ist auch ein Indikator für Sympathien oder Antipathien. Für Bergson war das Lachen ein sozialer Gradmesser; sehr poetisch verglich er es mit dem Schaum auf den Meereswellen: „Das Lachen entsteht ganz so wie dieser Schaum. Es meldet alle leichten Revolten auf der Oberfläche des sozialen Lebens. Es zeichnet im Nu die beweglichen Figuren dieser Erschütterung nach."[12]

Aufgrund seiner Ordnungsfunktion innerhalb sozialer Gruppen bezeichnen viele Wissenschaftler das Lachen auch als *soziales Schmiermittel*.

Je statusniedriger die Witzrezipienten, umso eher würdigen sie den Witz von Statushöheren mit dem erwarteten Gelächter.[13] Wer kennt sie nicht, diese Situation, in der der Chef einen Witz erzählt, über den alle vor Lachen gröhlen, obwohl er ihn schon seit Jahren in gleicher Weise zum Besten gibt. Und warum lachen viele trotzdem? Ganz einfach, weil hier das Mitlachen im Vordergrund steht. Hier provoziert nicht der Witz das Lachen des Angestellten, sondern die Erwartungshaltung des Chefs. Das Lachen des Angestellten bestätigt den Chef in seiner übergeordneten Rolle. Bitte stellen Sie sich nur mal vor, der Angestellte würde dem Chef sein solidarisches Lachen verweigern. Situationen, in denen eine Gruppe lacht, spiegeln also auch ihre soziale Hierarchie

---

[12] Bergson 1948, S.109

[13] Pizzini 1996

wider. Statusniedrige dürfen zwar auch mal witzig sein, aber nur, wenn sie Eigentore produzieren, d. h. wenn sie sich in ihren Witzen selbst zur Zielscheibe machen. Forscher fanden heraus, dass der Vorlacher meist laut und vokal lacht, während die Menschen, die auf sein Lachen reagieren, verhaltener lachen.

Wer witzig ist und andere zum Lachen bringt, hat wie Rose Coser[14] sagt, für einen Moment die Situationskontrolle. Lachend können wir also soziale Rangordnungen bestätigen oder gar unterlaufen. Und eine Gruppe kann sich lachend von einer anderen Gruppe abgrenzen z. B. weil ihr, um den Witz zu verstehen, das Insider-Wissen fehlt. Ein solche soziale Ausgrenzung ist typisch für ethnische Witze, z. B. wenn Schotten über Briten lachen oder Belgier über Franzosen Witze machen.

Befreiende Funktion

Wenn wir lachen, so tun wir dies auch, um uns zu entspannen oder eine soziale Situation zu entschärfen. Unser Lachen wirkt z. B. bei Verletzungen oder Ungerechtigkeiten befreiend oder kann den Sieg über unsere Angst signalisieren. Humorvoll können wir jemanden auf einen Fehler aufmerksam machen und lachend in einer peinlichen Situation die Blamage mindern. Und wenn wir mal verlegen sind, so wirkt ein Lächeln besänftigend und entwaffnend. Lachend können wir Abstand gewinnen auch von ernsten und traurigen Ereignissen. Lachen ist also ein wichtiges Sprungbrett in eine andere Sichtweise. So kann ein individueller Schmerz in der Gruppe erlebt, befreiend wirken. Hierzu empfiehlt der Arzt und Kabarettist Dr. Eckart von Hirschhausen diesen Selbstversuch: Schlagen Sie sich, wenn Sie allein sind, einmal mit dem Hammer auf den Finger, und Sie werden den Schmerz lange, intensiv und verkniffen erleben. Bitte machen Sie das Gleiche in Gesellschaft von Menschen, und Sie werden mit ihnen über Ihr Missgeschick lachen können und den Schmerz kürzer und geringer empfinden.[15]

Für den österreichischen Philosophen Ludwig Wittgenstein (1889 – 1951) war das Gesicht der Mittler zwischen Selbst und Welt. Kein anderes Körperteil ist für die soziale Kommunikation so bedeutend. Ein Blick in das Gesicht unseres Gegenübers verrät mehr als Worte: Können wir uns über den Weg trauen, oder sollen wir uns besser aus

---

[14] Coser 1959/1987

[15] Hirschhausen 2008

dem Weg gehen. Lächeln und Lachen drücken wir in allen Kulturen gleich aus und kulturübergreifend verstehen wir auch seine kommunikative, ordnende und befreiende Funktion.

Die Kultur des Lachens

Wenn du bei Nacht den Himmel anschaust,
wird es dir sein, als lachten alle Sterne,
weil ich auf einem von ihnen wohne,
weil ich auf einem von ihnen lache.
Antoine de Saint-Exupéry

Die Wiege der europäischen Kultur- und Geistesgeschichte ist die Philosophie, die jedoch lange unter Geliophobie (Angst vor dem Lachen) litt und das Lachen verschmähte.
Die Lacharmut hat lange Tradition und ist auf den Einfluss des griechischen Philosophen Platon (427 – 348 v. Chr.) zurückzuführen. Seine philosophische Lehre des Idealismus stellte das Tugendhafte, den reinen Seelenzustand, die geistige Strenge und Tiefe in den Mittelpunkt. Da war für spielerische Leichtigkeit, Spontaneität und befreiendes Lachen wenig Raum; sie wurden vielmehr als gefährliche Lust angesehen. Für Platon war Lachen Ausdruck böswilliger Schadenfreude, die anderen Menschen Schmerz zufügt. Im Lachen sah Platon eine subversive Kraft, die der Staatsräson schaden konnte. So rief er in seiner letzten Schrift *Nomoi* zu edlen Handlungen auf und mahnte: „Man soll sich übermäßigen Lachens so gut wie Weinens enthalten, und auch jeder den anderen dazu anhalten, dass er jegliches Übermaß in Freude und Schmerz zurückzudrängen und eine würdige Haltung zu bewahren suche."

Auch für andere antike Philosophen wie Sokrates (470 – 399 v. Chr.) und Aristoteles (348 – 322 v. Chr.) bildete die Vernunft die Quelle richtigen Handelns. Sie wendeten sich gegen allzu groben Humor; das Lachen sollte maßvoll und dezent erfolgen. So wird Sokrates dieser Vergleich zugeschrieben: „Man sollte Lachen so verwenden, wie man Salz benutzt: sparsam." Immerhin betonte Aristoteles, dass der Mensch als einziges Lebewesen lache, und er lobte den gesundheitlichen Wert des Lachens. Etwas gnädiger als Platon glaubte er, dass maßvolles Lachen gut und feinsinnige Witze ein Zeichen von Bildung seien.

Auch wenn in der Antike lachende Philosophen rar waren, so gab es im 4. Jahrhundert v. Chr. eine löbliche Ausnahme, nämlich Demokrit (um 460 – 371 v. Chr.), der für frohmütige Gelassenheit plädierte.

In der antiken Kunst sind lachende Menschen nicht anzutreffen. Wenn sie offene Münder mit sichtbaren Zähnen zeigen, dann als Angst einflößende Fabel- und Mythenwesen (Kentauren, Satyrn, Faune). Zwar lächeln viele Statuen aus dem 6. Jahrhundert vor Christus, aber die Archäologen sehen in diesem archaischen Lächeln keine spontane Reaktion, sondern eine Mode, die die innere Schönheit des griechischen Bürgers verdeutlichen sollte. Ein Jahrhundert später ist das Lächeln bei den Idealfiguren der griechischen Klassik wieder verschwunden.

Im Römischen Reich pflegte man zwar einen derberen Humor, allerdings sollten auch hier die Scherzinhalte geschmackvoll und nicht diskriminierend sein.

Es sollte Jahrhunderte dauern, bis der Wert des Lachens in der Philosophie langsam Einzug hielt. So beobachtete der französische Philosoph René Descartes (1596 – 1650), dass sich beim Lachen das Blut beschleunige. Aber er interpretiert dies in seinem Werk *Leidenschaft der Seele* als Fehlfunktion, die auftrete, wenn wir überrascht oder verängstigt sind. Auch für den deutschen Philosophen Immanuel Kant (1724 – 1804) entspringt das Lachen einem „Lebensgeschäft des Leibes". Nach seiner Ansicht lacht der Mensch aus enttäuschter Erwartung: „Es muss in allem, was ein lebhaftes erschütterndes Lachen erregen soll, etwas Widersinniges sein (woran also der Verstand an sich kein Wohlgefallen finden kann)." Erst der deutsche Philosoph G. Friedrich Wilhelm Hegel (1770 – 1831) erahnte die große befreiende Wirkung des Lachens. Dank diesem erfahre der Mensch seinen Seelenzustand und könne sich auch daraus befreien.

Wie kommt es, dass die Beschäftigung mit Humor und Lachen Jahrhunderte lang kaum neue Ergebnisse und viele Wiederholungen hervorgebracht hat? Der österreichische Religionssoziologe Peter L. Berger führt dies darauf zurück, dass das Lachen sich „dem ungeheuerlichen Versuch der Philosophie, die gesamte Wirklichkeit mit der Ordnung

Darüber lachen Erwachsene

Kommt ein verstorbener Pastor vor die Himmelstüre und muss warten. Ein anderer Mann wird sofort eingelassen. Beklagt sich der Pastor: „Warum muss ich warten? Ich bin doch vom Fach!" Petrus antwortet: „Wenn du gepredigt hast, haben alle geschlafen. Wenn der andere Mann Bus gefahren ist, haben alle Fahrgäste gebetet."

der Vernunft zu erfassen", entzieht.[16] Auch im 20. Jahrhundert hat sich kaum ein Philosoph dem Sinn des Lachens gewidmet.

Und wie sieht es bei einer weiteren kultur- und geisteswissenschaftlichen Säule, nämlich der Religion, mit der frohen Botschaft aus? In Indien gilt das Sprichwort: Lachen ist, mit Gott sprechen. Während in der ostasiatischen Kultur – vor allem im Chan-Buddhismus und seiner japanischen Zen-Variante – das Lachen und der Humor eine herausragende Rolle als Quelle der Erleuchtung spielen, vertrat das Christentum eine ziemlich grimmige Theologie. Schon in der Frühzeit des Christentums glaubte man, dass ein guter Christ in diesem Leben nicht lachen dürfe, denn das Lachen symbolisiere die sündhafte Weltlichkeit und das verführerische Diesseitige. Aus dieser Humorskepsis heraus erklärt sich auch der Begriff *Heidenspaß*. Geht man in der Bibel auf die Suche nach Humor und Lachen so wird man selten fündig: Das Wort *Lachen* steht in der Bibel (Einheitsübersetzung) 41 mal, aber nur 11 mal wird es positiv bewertet. Im Neuen Testament tritt nur das höhnische Lachen der Henkersknechte (Matthäus 9 und 27; Markus 5; Lukas 8) auf, die Jesus am Kreuz verlachten. Davon scheint sich das Christentum bis heute nicht erholt zu haben.

Warum es eine so ablehnende Haltung zum Lachen eingenommen hat, erklärte der dänische Religionsphilosoph Sören Kierkegaard (1855) mit der Tatsache, dass eine Religion, die das Leiden so sehr betont, keinen Raum für Humor zulassen kann.

Sicher war das Lachen auch so verpönt, weil es die Erlösung nach dem Tod vorwegzunehmen drohte: „Selig seid ihr, die ihr jetzt weint, denn ihr werdet lachen." (Lukas 6,31)

---

[16] vgl. Berger 1998

Umberto Eco hat diese Ablehnung der Kirche in seinem spannenden Roman *Im Namen der Rose* thematisiert. Hier begeht der blinde Mönch Jorge von Burgos sogar einen Mord, um zu verhindern, dass das einzige Buchexemplar aus der Klosterbibliothek, in dem Aristoteles das Lachen rechtfertigt, an die Öffentlichkeit gerät. Bis heute noch herrscht ein Lachverbot hinter den benediktinischen Klostermauern, streng nach der Regel (zehnte Stufe der Demut): „Der Mönch ist nicht leicht und schnell zum Lachen bereit, steht doch geschrieben: Der Tor bricht in schallendes Gelächter aus."

Dass man aber auch in Freude Christ sein konnte, bewies der volkstümliche Philipp Neri, genannt Pippo (1515 – 1595). Um diesen *komischen Heiligen* – wie ihn das Volk nannte – ranken sich viele lustige Anekdoten. Zwischen 1564 und 1575 wirkte er als Pfarrer in der Kirche S. Giovanni dei Fiorentini in Rom, wo er ein begehrter Beichtvater war und Päpsten als Berater diente. Mit Franz von Sales, der 1610 die Ordensgemeinschaft der Salesianer gründete, war er befreundet. Fünf Jahre nach seinem Tod wurde Philipp Neri von Papst Paul V. selig gesprochen und 1622 heilig gesprochen. Johann Wolfgang von Goethe widmete seinem Lieblingsheiligen in seinem Buch *Italienische Reise* sogar ein ganzes Kapitel.

Allen Ernstes! – Das Osterlachen ist verstummt!

Vom 14. bis 19. Jahrhundert durfte wenigstens zu Ostern in der Kirche gelacht werden und zwar lauthals. Mit dem österlichen Lachen (lat. *risus paschalis*) vertrieb man die traurige Passionszeit und zeigte seine Freude über den Sieg Gottes über den Tod. Am ersten oder zweiten Osterfeiertag erzählte der Pfarrer lustig gestikulierend Scherze und Schmunzelgeschichten und stellte auf der Kanzel stehend sein komödiantisches Talent (Grimassen schneiden, Haare raufen, Zunge ausstrecken usw.) unter Beweis. Nicht selten verspottete der Prediger die zeitgenössischen Bischöfe, Kardinäle, ja sogar den Papst. Das Kirchenvolk brüllte vor Freude nach Zugabe und lachte lauthals.
Mehr liturgischen Ernst forderten später Protestantismus und Aufklärung. Martin Luther (1483 – 1546) lehnte diesen Brauch als „närrisch lächerliches Geschwätz" ab. Aber auch katholische Vertreter kritisierten

diese mittelalterliche Ausgelassenheit und besannen sich wieder auf ihre ernsten Wurzeln. Sie entschärften das Osterlachen zum *Ostermürlein*, das nun als harmloses Geschichtchen die Lithurgie ausschmücken durfte. Im 18. Jahrhundert verstummte allmählich das ostersonntägliche Lachen in den katholischen Gottesdiensten, bis es schließlich 1853 durch den Regensburger Erlass gänzlich verboten wurde.
Das Ende des Osterlachens sahen viele Geistliche als Erlösung an, denn schließlich ermöglichte es auch, die kirchliche Obrigkeit zu kritisieren. Im 20. Jahrhundert hatten sich die Gottesdienstbesucher das Lachen ganz abgewöhnt. Und heute erinnern nur noch die Faschingspredigten am Sonntag vor Aschermittwoch an diese alte Tradition.

Denn an Fasching – zu diesen im katholischen Kirchenjahr fest integrierten Tagen vor der Fastenzeit – darf der Christ lachen. Der Klerus war klug genug, in diesem übermütigen, heidnischen Karnevalsfest (lat. *carne vale* = Lebe wohl, sündiges Fleisch!) das befreiende Lachen als Ventilfunktion zuzulassen. Was als Fress- und Saufgelage begann, entwickelte sich im späten Mittelalter zu Maskenzügen, auf denen die Narren die gewohnte Ordnung verspotteten und aufwirbelten. Daher liegen heute vor allem in den katholischen Regionen die Hochburgen des Karnevals (Rheinland, Bayern, Tirol, Venedig u.a.).

Bedenkt man, wie sehr das Gefühl für Komik und Humor in der jiddischen Kultur verwurzelt ist, so könnte man annehmen, dass sich die Bibel bewusst nicht mit dem Lachen beschäftigte, weil dieses unter Juden selbstverständlich war. So meinte der Gründer des Chassidismus (jüdisch religiöse Bewegung in den osteuropäischen Ländern des 18. Jahrhunderts), Rabbi Israel Baal-Schem-Tov: „Gott will frohe Menschen, der Satan will traurige!" Im Talmud stehen zahlreiche Lachtexte, die den Einstieg in die ernsten Abhandlungen erleichtern sollen.

Der Verfasser der „Satanischen Verse", Salman Rushdie (2006) meinte in einem Interview sehr treffend: „Ich sehe die vielen Regeln des Korans mit Humor, und ich glaube, dass der Kampf, den wir gerade erleben, auch ein Kampf zwischen jenen ist, die einen

Sinn für das Komische haben, und jenen, die keinen haben." Ayatollah Khomeini verkündete dagegen: „Es gibt keinen Humor, es gibt kein Gelächter und keinen Spaß im Islam." Und Rushdie erklärt: „Das sagte er, weil der Humor eine Gefahr für die Mächtigen ist. Er ist subversiv, denn er ist seinem Wesen nach immer respektlos. Wahrscheinlich hat mich mein Humor gerettet!"

Eine lachende Form der Psychohygiene ist bis heute in repressiven Regimes oder Diktaturen unerwünscht. Je größer die Spannung zwischen Volk und Regime, umso geächteter ist der Witz. So verhängte das stalinistische Russland 10 Jahre Lagerhaft für abfällige Witze über den Staat. Und das Nazi-Regime kappte die Komik der 20er Jahre und es blühten die Flüsterwitze[17], die man sich mit vorgehaltener Hand kichernd ins Ohr flüsterte.
Bedenkt man, wie gewagt der politische Witz in allen Diktaturen ist, umso mutiger war die Glanzleistung von Charlie Chaplin, eine Komödie über Adolf Hitler zu produzieren.

Der Tabubruch, über jemanden laut zu lachen, funktioniert nur solange dieser Mensch an der Macht ist. Denn er muss es als Bedrohung empfinden, und so ließ der italienische, faschistische Parteiführer Benito Mussolini im Jahr 1942 das Lachen auf Italiens öffentlichen Plätzen verbieten. Während der NS-Herrschaft konnte die Verbreitung von politischen Witzen mit Gefängnis und bei *wehrkraftzersetzender Wirkung* sogar mit dem Tode bestraft werden. Zu Hitlers Lebzeiten feierte Charlie Chaplin mit seinem mutigen Film große Erfolge in England und Amerika. Heute – 60 Jahre nach dem Nationalsozialismus – entlockt er uns nur noch ein anerkennendes Schmunzeln.

Der Witz vermag politische Missstände anzuprangern, propagandistische Lügen zu entlarven, ein Regime zu demaskieren, die Staatsmacht zu untergraben, Politiker zu verspotten und den Geist der Solidarität und des Widerstandes bei den Unterdrückten zu mobilisieren. Galgen-Humor blüht immer dort, wo die Freiheit unterdrückt wird. Lachen erkennt weder Macht noch Regeln an, es wirkt subversiv und wie ein psychischer Triumph über die Ungerechtigkeit. Der österreichische Schriftsteller Arthur Koestler (1905 – 1983) bemerkte treffend, dass Diktatoren Witze mehr fürchten als Bomben!

---

[17] vgl. Danimann 2001

Allen Ernstes! – Der Große Diktator bricht ein Tabu!

Der amerikanische Spielfilm *Der große Diktator* von Charlie Chaplin wurde als Satire auf Adolf Hitler und sein Regime am 15. Oktober 1940 (mitten im deutschen Nationalsozialismus!) uraufgeführt. Hierin karikiert der britische Regisseur Chaplin den Größenwahn Deutschlands, den gefürchteten Diktator und seine politischen Heerscharen mit lauten überzogenen Stimmen, lächerlich ruckartigen Bewegungen und furchtlosem, beißendem Spott. In diesem Meisterwerk der Filmgeschichte verfremdet Chaplin viele Namen (Adolf Hitler = Anton Hinkel / Feldmarschall Hering = Hermann Göring) und gibt so die Machthaber und ihre Lakaien der Lächerlichkeit preis. Deutschland nennt er *Tomanien* in Anlehnung an den Ausdruck *to mania* (= im Wahn sein), und Hinkel (Hitler) hält seine Reden auf *Tomanisch*, einer bewusst unverständlichen Sprachmischung aus Englisch und Deutsch. Darin streut Chaplin markante deutsche Wörter wie *Schnitzel, Sauerkraut, Blitzkrieg* straff ein, die er mit aggressivem Tonfall vorträgt. So sorgt er für eine hohe Authentizität. Mit brillianter Mimik und Gestik, mit der Welt (riesiger Luftballon) über seinem Kopf schwebend, zeigt sich Chaplin in seiner Glanzrolle.
Den Rassengedanken der NS-Ideologie präsentiert er jedoch unverfremdet und in seiner echten Grausamkeit. Übrigens: In diesem Film taucht mehrfach das Kunstwort *Schtonk* als Bedeutung für *abgeschafft* auf („Demokratie Schtonk! Free Sprecken Schtonk!"). 1992 verwendete der Regisseur Helmut Dietl diesen Begriff als Titel für seinen satirischen Film über die Affäre mit den Hitler-Tagebüchern.

So sorgten jüngst zwölf Karikaturen des islamischen Propheten Mohammed, die die dänische Tageszeitung Jyllands-Posten am 30. 9. 2005 veröffentlichten, für weltweiten Protest und für diplomatischen Aufruhr. Es kam zu gewalttätigen Übergriffen auf dänische und norwegische Botschaften, und die Auseinandersetzungen kosteten – unglaublich aber wahr – 140 Menschenleben!

Trotz der hohen Brisanz von Humor vermag er aber vor allem Frieden zu bringen. So unterstützte der afrikanische Clown George Tamba (Künstlername: Boutini) im Auftrag der UNO die Entwaffnungskampagne von Kindersoldaten im Jahr 2004 in Liberia. Mit großem Erfolg zog er durch die Dörfer: „Ich reise umher und bringe die Menschen zum Lachen. Viele Leute, selbst Kinder von elf Jahren, begreifen sich immer noch als Soldaten, die glauben, dass sie Maschinenpistolen zum Leben brauchen. Sie hören mir lieber zu als irgendwelchen Politikern. Nach jeder Vorstellung bestürmen sie mich und wollen ihre Waffen loswerden. Ich schicke sie dann zu den UNO-Leuten, denn ich selbst nehme kein Gewehr in die Hand!"[18] George Tamba hat somit bewiesen: Humor ist entwaffnend!

Diese versöhnliche Kraft des Humors vermag das Widrige, das scheinbar Unumgängliche und sogar unsere Endlichkeit zu relativieren. Dann können wir selbst dem Tod noch eine humorvolle und lebensbejahende Seite abgewinnen. Denn – so meinte der deutsche Schriftsteller Jean Paul – Humor ist überwundenes Leiden an der Welt. Der amerikanische Regisseur Woody Allen fasst dies in einer weisen Gleichung zusammen: Tragödie + Zeit = Komödie. Und ein jüdisches Sprichwort lautet: In traurigen Zeiten blüht der Witz!

Darüber lachen Kindergartenkinder

Was sagt der Tausendfüßler, wenn ihm zum Geburtstag neue Schuhe geschenkt werden? „Tausend Dank!"

Mit einigen außergewöhnlichen Beispielen aus der Kultur- und Geistesgeschichte sowie aus meiner Heimatstadt Köln möchte ich Ihnen, lieber Leser, die tröstende, letztendliche Größe von Humor und Lachen nahebringen.

Als der deutsche Schriftsteller Heinrich Heine (1797 – 1856) schwer erkrankt die letzten Jahre seines Lebens in Paris bettlägrig war, kümmerte sich eine Pflegerin um

[18] aus: Spiegel Nr. 14, 2004

ihn. Als diese seinen ausgezehrten Körper vorsichtig von der Matratze hob, um ihn ins Bad zu tragen, trat gerade ein Besucher ein. Als Heine ihn erblickte, sagte er scherzend: „Da sehen sie, wie man mich in Paris auf Händen trägt." Mit dieser Bemerkung setzte er sich über sein Leiden hinweg und ersparte dem Besucher, seine Sorge oder sein Mitleid äußern zu müssen.

In Mexiko haben die Menschen einen außergewöhnlichen Umgang mit dem Tod entwickelt. Am 1. November feiern sie ein lustiges Fest, an dem sie Lebensmittel reichen, die der Verstorbene besonders gemocht hat. Brote mit Knochen-Motiven werden gebacken; es gibt kleine Totenköpfe und Särge aus Marzipan und Zuckerguss. Es wird reichlich hochprozentiger Tequila getrunken, während man auf die Besuche der Toten wartet. Nachts spielen Musikgruppen auf den Friedhöfen. „Wir fürchten uns nicht vor dem Tod, wir lachen ihn einfach aus" sagen die Indios. Ihre traditionsreichen Trauerrituale sind besonders lustig in der Region zwischen Tijuana (Nordwesten Mexikos) und Tulum (Karibikküste Mexiko).

Auch die schwarzen Jazzmusiker aus New Orleans versuchen, mit beschwingter Musik bei einer Beerdigung ihre Trauer zu überwinden.

Allen Ernstes! – Der lachende Tod ist ausgestorben!

Im Jahre 1957 wurde bei den Angehörigen des Fore Stammes in Papua-Neuguinea eine Krankheit entdeckt, die *Kuru* bzw. der lachende Tod genannt wurde. Sie dezimierte das Volk und befiel insbesondere Frauen. *Kuru* löste bei ihnen eine irreversible Degeneration des Nervensystems aus, bei der die Erkrankten im Anfangsstadium auffällig viel lachten, sich übertrieben heiter und euphorisch zeigten. Während der ein Jahr dauernden tödlichen Krankheit waren sie tragischerweise bei vollem Verstand. Aufgrund der langen Inkubationszeit von 4 bis 26 Jahren ließ sich die Ursache für diese ansteckende Krankheit nur schwer ermitteln. Schließlich wurden die Virologen fündig: Das von den Fore praktizierte Ritual, das Fleisch verstorbener Stammesangehöriger (Endokannibalismus) zu verzehren, um sich ihre Kräfte einzuverleiben, sorgte für die rasante Übertragung des tödlichen Erregers. Und da Frauen die sterblichen Überreste zubereiteten und in der Mehrzahl die Gehirne der Verstorbenen verzehrten, wurden sie vorwiegend befallen. Als 1954 der Kannibalismus verboten wurde, starb die Krankheit allmählich aus.

Im Sommer 2007 äußerte ein zum Tode verurteilter Texaner einen außergewöhnlichen letzten Wunsch. Der 39-Jährige wollte, kurz bevor ihm die tödliche Giftspritze verabreicht wird, als letzte Worte einen Witz erzählen. Ein Freund hatte eigens für ihn im Internet eine Seite eingerichtet, an die Hunderte Witze geschickt wurden. „Ich werde meine letzten Tage auf der Erde genießen", ließ der Todeskandidat auf der Internetseite wissen. Er wolle keine Briefe, sondern die Lieblingswitze der Menschen, die ihn und andere Todeskandidaten zum Lachen bringen. „Wir hatten Todeskandidaten, die ein Gedicht oder Bibelverse zitiert haben aber nie jemanden, der lachen wollte", sagte die Sprecherin der Justizbehörde.

Auch aus meiner Heimatstadt gibt es zum Thema Tod und Lachen so manch Humorvolles zu berichten. So ist überliefert, dass Willi Ostermann (1876–1936)[19] – der bekannteste Kölner Liederdichter und -sänger vor dem Zweiten Weltkrieg – selbst auf dem Sterbebett seinen Humor nicht verloren hatte. Der damalige Festkomitee-Präsident erinnert in seinem Buch[20] an die letzte Begegnung mit seinem Freund Willi Ostermann: „Dot mer noch en Glas Sekt"[21], soll Ostermann im Kölner Dialekt den behandelnden Arzt gebeten haben. Als dieser nur ein halbes Glas einschenkte, habe der Patient gefragt: „Es dat nit en beßje winnig för dä wigge Wäch en et Jenseits?"[22]

Die letzte Strophe des Liedes *Ich ben vun Köln am Rhing ze Huhs* drückt Ostermanns humorvolle Einstellung zum Tod und dem Leben danach in rührender Weise aus:

---

19 Als letztes Lied schrieb er Heimweh nach Köln, besser bekannt unter der Liedzeile „Ich mööch zo Foß noh Kölle gonn" (Ich möchte zu Fuß nach Köln gehen)!

20 Liessem 1958

21 Gebt mir noch ein Glas Sekt.

22 Ist das nicht ein bisschen wenig für den weiten Weg ins Jenseits?

Wenn ich ens nit mieh existiere,
wenn ich de Auge zogedon,
wenn ich mich bovve präsentiere,
ganz luhs am Himmelspöözche stonn;
dann soll der Petrus dat schon maache,
hä söhk de schönste platz mir us.
Hä weiß, et gitt dann jet ze laache:
Ich ben vun Köln am Rhing,
vun Köln am Rhing ze Huhs!

Wenn ich mal nicht mehr existiere,
wenn ich die Augen geschlossen habe,
wenn ich mich oben präsentiere
ganz klug am Himmelstor stehe;
dann soll der Petrus es schon richten,
er sucht mir den schönsten Platz aus.
Er weiß, es gibt dann was zu lachen:
Ich bin von Köln am Rhein
in Köln am Rhein zu Hause!

Bis heute findet man in Köln viele Zeichen des humorvollen Umgangs mit dem Sterben und dem Tod. So las ich vor einiger Zeit in einem Schaufenster eines Kölner Bestattungsinstituts diese herrlichen Zeilen:

Ne, wat wor dat ne Jeck! Em Himmel fiere se bestimmt och Karneval!
Nein, was war das für ein Jeck! Im Himmel feiern die bestimmt auch Karneval!

Die Gelotologie – Eine ernsthafte Lachforschung!

Ein neuer Forschungszweig, die *Gelotologie*, verdankt ihren Namen dem griechischen Gott des Lachens *Gelos*. Die Lachforschung ist im Kreis der empirischen Wissenschaften noch eine sehr junge. Sie hat bislang viel Unbekanntes über das Lachen aufgedeckt, aber sie weist auch noch einige Unzulänglichkeiten auf.

Das erste Forschungsinteresse ist eng verbunden mit dem britischen Naturforscher Charles Darwin (1809 – 1882), der schon sehr früh bemerkenswerte Berichte über das Lachverhalten lieferte.[23] Auch die Pionierarbeit über das Kitzeln von G. Stanley Hall, des Begründers der amerikanischen Psychologie[24], war weit ihrer Zeit voraus. Zwei Jahre später beschäftigte sich der französische Philosoph und Nobelpreisträger Henri-Louis Bergson (1859 – 1941) intensiv mit der Funktion des Lachens als sozialem Grad-

[23] vgl. Darwin 1872
[24] vgl. Hall 1898

messer (vgl. 1900). Diese Forscher betraten ein völlig unbekanntes und wenig ernst genommenes Forschungsgebiet.

In den 60er und 70er Jahren beschäftigten sich immer mehr Wissenschaftler mit den körperlichen und psychischen Auswirkungen des Lachens auf den *homo ridens*, den lachenden Menschen. Den Startschuss hierfür gab der Journalist Norman Cousins (→ Kap. 2), der in den 60er Jahren des vergangenen Jahrhunderts unter einer als unheilbar geltenden Erkrankung des Knochengewebes litt. Als nichts gegen die starken Schmerzen half, verordnete er sich selbst neben der medizinischen Behandlung eine Lachkur. Nach zehn Monaten soll er keine Schmerzen mehr verspürt haben. Diese Behauptung untersuchte der Professor für Psychiatrie an der Stanford University, William F. Fry mit vielen Selbstversuchen[25]. Gegen großen akademischen Widerstand gründete er 1964 in Palo Alto ein Institut zur Humorforschung, das er aus eigenen Mitteln finanzierte. Er untersuchte Clowns, Komödianten und Kabarettisten und stellte fest, dass nach ausgiebigem Lachen die körpereigene Hormonproduktion und die Zirkulation von Immunsubstanzen ansteigen. Diese Studie veröffentlichte er 1975 gemeinsam mit Melanie Allen. Fry spezialisierte sich auf die therapeutische Funktion des Humors und seine Forschungsergebnisse erregten weltweit Aufsehen. In den Jahren 1987, 1993 und 2001 gab er zusammen mit dem Psychologen Waleed A. Salameh (San Diego, Kalifornien) drei Standardwerke zum Thema *Humor in der Psychotherapie* heraus. 1980 gehörte William Fry zu den Gründungsmitgliedern der *International Society for Humor Studies* mit Sitz an der Universität in Oakland, Kalifornien.

Heute gilt Fry als Vater der Gelotologie, und die *Science of Pleasure* ist zu einer weltweit anerkannten Disziplin avanciert.

Als die Psychoneuroimmunologie das enge Zusammenspiel von Denken, Emotionen und körperlichen Abläufen nachweisen konnte, beschäftigte sich die neue Gelotologie intensiv mit den Auswirkungen des Lachens auf unsere Gesundheit. Humor wurde nun als Medikament zunehmend getestet und ernst genommen. Und die ersten Ergebnisse (→ Kap. 2), – nämlich dass Lachen das Immunsystem positiv beeinflussen, das Schmerzempfinden reduzieren, die Durchblutung und Verdauung fördern, den Blut-

[25] Fry 1963

Darüber lachen Schulkinder

Zwei Mäuse treffen sich, zeigt die eine Maus der anderen ein Foto und sagt: „Schau mal, das ist mein Freund." Erschrocken sagt die andere Maus: „Iiiiih, das ist ja eine Fledermaus!" Die erste Maus antwortet entsetzt: „Waaas, mir hat er gesagt, er sei Pilot!"

druck senken und negativen Stress abbauen kann –, waren erstaunlich und vielversprechend.

Von nun an stiegen die empirischen Arbeiten in der Grundlagenforschung zum Thema Humor und Lachen an. Immer mehr Autoren befassten sich mit der physiologischen und emotionalen Wirkung des Lachens und seiner psychotherapeutischen Anwendbarkeit.

Der amerikanische Entwicklungspsychologe und Pionier der psychosomatischen Zusammenhänge von Lachen und Schmerzempfinden, Paul McGhee, veröffentlichte 1967 eine Studie über die Entwicklung des kindlichen Humors und schließlich 1972 sein Grundlagenwerk „The Psychology of Humor". Einen Überblick über die theoretischen Ansätze, die philosophischen Wurzeln, die physiologische und die psychotherapeutische Wirksamkeit des Lachens gaben z. B. M. Titze (1985), C. T. Eschenröder, W. A. Salameh (1994; 2007) und J. A. Bernhardt (1985). Mit der psychotherapeutischen Kraft des Humors beschäftigte sich vor allem H.-P. Heekerens (1992). Und W. Ruch (1995; 2005) widmete sich in seinen Veröffentlichungen der psychologischen Grundlagenforschung von Humor.

Über Jahrzehnte fristete die Lachforschung ein wissenschaftliches Außenseiterleben. Mittlerweile beschäftigen sich weltweit mehr als 200 Wissenschaftler mit der Gelotologie, darunter Biologen, Psychologen, Anthropologen, Neurologen, Sprachwissenschaftler und Verhaltensforscher.

Aber bis heute gibt es trotz vieler Studien zum Thema Lachen mehr offene Fragen und Spekulationen als gesicherte Erkenntnisse. Noch fehlen breit angelegte, vor allem medizinische Untersuchungen. So meint Willibald Ruch vom Institut für Physiologische Psychologie an der Universität Düsseldorf, dass zwar vieles zum Thema Lachen plausibel klinge, aber noch werde manches durch singuläre Erfahrungen belegt und zu ungenügend wissenschaftlich bewiesen.

Auch Amy Carrell, Sprachwissenschaftlerin (Universität Central Oklahoma) und ehemalige Präsidentin der International Society for Humor Studies, fordert mehr Wissenschaftlichkeit und wünscht, dass sich Dilettanten und Scharlatane vom fruchtbaren Gebiet der Humorforschung fernhalten mögen.

Bei allem Respekt vor den erstaunlichen Fortschritten der jungen Gelotologie ist auch Vorsicht geboten, denn sie bietet einen idealen Tummelplatz für skurrile Hobbyforscher und nebulöse Humorapostel. So gelobte die Zunft auf dem zweiten Humor-Kongress 1997 in Basel zum Thema „Humor in der Therapie – die Heilkraft des Lachens" in Zukunft mehr Grundlagenforscher referieren zu lassen und möglichen Hokuspokus von wissenschaftlichen Fakten deutlicher zu trennen.

Noch immer leidet die Gelotologie unter der Erwartung, die Lachforscher müssten ihre Studien ganz besonders unterhaltsam und witzig vortragen. So wurde der Koryphäe der Humorforschung, Paul McGhee, vorgeworfen, dass sein Vortrag nicht amüsant gewesen sei. Seine Replik war umso brillianter, denn er erklärte den Zuhörern, dass sie schließlich von Aggressions- oder Sexualforschern auch nicht erwarten würden, dass sie besonders aggressiv oder sexy seien.

Kapitel 3

Die Vielfalt des Lachens

Nichts in der Welt ist so ansteckend
wie Gelächter und gute Laune.
Charles Dickens

Wenn wir vom Lachen reden, dann meinen wir meist das natürliche, spontane Lachen in humorvollen Situationen. Aber Lachen ist nicht gleich Lachen! Denn es gibt so viele Varianten z. B. das ansteckende, unechte, gemeine, schadenfrohe, übermütige, männliche, weibliche, unterwürfige Lachen. Wir lachen zwar aus den unterschiedlichsten Beweggründen, aber zwei Prinzipien durchziehen unsere lebenslange Lachkarriere:

Das Prinzip der Ansteckung

Dass unser Lachen stark ansteckend wirkt, bemerken wir rasch, wenn uns ein Baby anlächelt. In einer Befragung stellte man fest, dass 93 % der Menschen sich beim Anblick eines lächelnden Babys dazu animiert fühlen, spontan mitzulachen.

Und dass dieses Babylächeln in uns ein starkes Zärtlichkeits- und Beschützergefühl auslöst, ist schließlich ein lebensnotwendiger Mechanismus. Denn die Ansteckungskraft des Lachens sichert dem schutzlosen Baby unsere Aufmerksamkeit und damit sein Überleben. Aber die Ansteckung funktioniert auch unter uns Erwachsenen. Schauen Sie sich doch eine der zahlreichen Comedy-Sendungen mal ganz alleine an. Sie werden weitaus weniger lachen, als würden Sie dieses Vergnügen mit Ihren Freunden teilen. Die wenigsten Menschen lachen, wenn sie allein sind.

Das Prinzip der Normverletzung

Wer kennt ihn nicht diesen befreienden Moment des Lachens, wo wir uns erleichtert von einem Normkorsett befreien? So lachen alle Kinder spontan, wenn etwas nicht den bekannten Regeln und gültigen Normen entspricht, z. B. wenn sich jemand statt auf den Stuhl daneben setzt. Wenn etwas völlig anderes eintritt, als wir erwartet haben, dann spricht man von der Normverletzung als Element des Humors und der Komik.

Dies gilt auch für die Kleidungsnorm und ihre Verletzung, z. B. wenn ein Clown übergroße Schuhe trägt, eine viel zu weite Hose oder in seinem Jackett noch der Kleiderbügel hängt.

Auch weitere kontrastreiche Normverletzungen entlocken uns ein herzhaftes Lachen oder zumindest ein verschmitztes Schmunzeln, z. B. wenn ein großer, dürrer Mensch seinen kleinen, dicken Freund im Arm hält (Dick und Doof). Jeder Clown arbeitet mit diesen komischen Elementen, witzigen Übertreibungen und grotesken Situationen, z. B. wenn sich der große schweizerische Clown Grock (1880 – 1959) dem Pro-

Allen Ernstes! – Von einer Lachepidemie und ihren Folgen!

Am 30. Januar 1962 begann im heutigen Tansania eine Aufsehen erregende Epidemie, über die die Zeitungen weltweit berichteten. Was war passiert? In einer Mädchenschule für Zwölf- bis Achtzehnjährige im Dorf Kashasha nahe am Viktoriasee nahm die unglaubliche Geschichte ihren Lauf: Drei Mädchen begannen grundlos zu kichern, ihr Lachen wurde zunehmend unkontrollierter bis sie schließlich Tränen lachten. Da sich ihr Lachen auf einen Großteil ihrer Mitschülerinnen übertrug, musste die Schule am 18. März 1962 geschlossen werden. Aber dabei blieb es nicht, denn die Stunden anhaltenden Lachattacken steckten die Familienmitglieder der Schülerinnen in den umliegenden Dörfern an. Die Epidemie verbeitete sich rasend schnell über mehrere Dörfer hinweg bis nach Uganda. Sie ergriff ca. tausend Menschen, die an Unbeweglichkeit, Schwindel, Atemnot und Inkontinenz litten. Viele waren unfähig zu sprechen und zu essen. Erst nachdem die betroffenen Schulen in einer Art Quarantäne gehalten wurden, endete nach zweieinhalb Jahren (!) die bislang längste Lachattacke.
Auf der Suche nach der Ursache konnten Experten den Verdacht auf Vergiftungen durch Alkohol, Kräuter oder Drogen oder eine Gehirnhautentzündung ausschließen. Vielmehr vermuteten sie eine psychogene, hysterische Reaktion, die vor allem Frauen bzw. ihr zentrales Nervensystem befiel. Der amerikanische Neuropsychologe und Lachforscher Robert Provine (2000) führte die geschlechtliche Spezifik auf die intensiven Bindungen unter Frauen zurück. Als erste lachten immer pubertierende Mädchen, dann sprang der Lachfunke auf ihre Mütter und weiblichen Bekannten über, nicht aber auf ihre Väter oder andere Männer. Dabei konnte festgestellt werden, dass je intensiver die Beziehung zu den Lachenden war, umso größer war auch die Ansteckungsgefahr. Soziologen sprechen dann von sogenannten sozialen Synchronisationen und Kettenreaktionen im Verhalten.

blem gegenüber sieht, dass sein Klavierhocker zu weit weg von der Tastatur seines Flügels steht. Normalerweise wäre die Lösung ganz einfach: den Hocker näher an den Flügel heranschieben. Aber stattdessen versucht Grock mit großer Mühe, den schweren Flügel an den Hocker heranzuschieben. Seine witzigen Grimassen verstärken die Komik dieser absurden Normverletzung.

Auch Witze unterliegen dem Mechanismus der Norm- und Tabuverletzung, z.B. zieht der obszöne Witz unsere sexuellen Normen ins Lächerliche. So wurden – als in unserer Gesellschaft Homosexualität noch stark tabuisiert war – mehr Schwulenwitze erzählt als heute.

Im Kindergarten gehören schmutzige Witze zum Alltag, ganz gleich ob die Pointe fehlt oder nicht verstanden wird. Die Faszination für diese sogenannten skatologischen Witze nimmt mit zunehmenden Alter des Kindes ab. An ihre Stelle rücken nun sexuelle Witze, denn mit ihnen kann das Kind den Zuhörern sein normverletzendes Wissen demonstrieren.

Die psychoanalytische Forschung geht davon aus, dass das Lachen uns ermöglicht, unsere tiefen Ängste und Bedürfnisse herauszulassen und uns für einen Augenblick von den gesellschaftlichen Normen und sozialen Zwängen zu befreien. Auf diese Art können sowohl Kinder als auch Erwachsene gegen Normen verstoßen, ohne mit gravierenden Sanktionen rechnen zu müssen.

Das Lachen ist nicht nur ansteckend und normverletzend, es kann auch echt oder unecht sein.

Echtes und unechtes Lachen

Mit deiner Rede kannst du lügen,
mit deinem Lachen nicht!
Indisches Sprichwort

Vertrauen ist die Basis unseres Überlebens, daher verfügen wir über ein hoch empfindliches Sensorium, mit dem wir sehr genau ein authentisches Lachen von einem gekünstelten Lachen unterscheiden können.

Die ersten Versuche mit echtem und unechtem Lachen stammen aus dem Jahr 1862. Der französische Neurologe Guillaume Duchenne (1806–1875) reizte mit auf dem Gesicht befestigten Elektroden (leiten Elektrizität weiter) verschiedene Gesichtsmuskeln. Bei dem nach ihm benannten *Duchenne-Lächeln* müssen nicht nur der große Jochbeinmuskel[26] angespannt werden, sondern auch die Augenringmuskeln[27], die unsere Lachfalten auslösen. Erst dann ist unser Lachen echt und wird als solches auch von unseren Mitmenschen interpretiert. Entstehen jedoch keine Falten um unsere Augen herum, dann handelt es sich um ein unechtes Lachen.

Hi,hi,hi

Darüber lachen Erwachsene

Zwei streiten sich. Sagt der eine: „Sie Parvenü!" Darauf der andere: „Ich weiß schon, Sie meinen den Affen! Aber der heißt Parmesan!"

Um dies rasch erkennen zu können, hat uns die Natur mit einem universellen Lachmuster ausgestattet. Der Mimikforscher Prof. Carsten Niemitz von der Freien Universität Berlin ging davon aus, dass das Lachen als überlebenswichtiges Mimiksignal in unseren Genen fest verankert ist. Dieser Annahme wollte er auf den Grund gehen. Sollte es tatsächlich angeboren sein, so müsste das Erscheinungsbild des echten Lachens bei vielen Menschen ähnlich sein und von ihnen auch gleichermaßen verstanden werden. Um dies beweisen zu können, entwickelte Niemitz ein wohl durchdachtes Experiment, denn „das schwierigste war, wie wir Leute dazu bekommen, richtig spontan zu lachen. Schließlich haben wir fünfzig Leute angeblich zu Sprachtests eingeladen. Die waren so kompliziert, dass wir dachten: Da müssen sie bestimmt lachen." Folgende Zungenbrecher sollten die Testpersonen so rasch wie möglich aufsagen:

[26] Der Jochbeinmuskel – auch Musculus zygomaticus major oder Lachmuskel genannt – zieht die Mundwinkel hoch und verleiht uns die typische Lachmimik.

[27] Der Ringmuskel – auch Musculus orbicularis oculi genannt – verengt die Augen und ruft die Lachfalten an der Außenseite des Auges hervor.

- **Der Cottbusser Postkutschenputzer putzt den Cottbusser Postkutschenkasten.**
- **Brautkleid bleibt Brautkleid und Blaukraut bleibt Blaukraut.**
- **Tief im dicken Fichtendickicht nicken dicke Fichten tüchtig.**

Die echten Lacher ließen nicht lange auf sich warten und am Ende des Experiments erklärte Niemitz den Testpersonen das wahre Untersuchungsziel. So konnte er die gefilmten Testsequenzen behalten und analysieren. Die subjektive Wirkung der gefilmten Lacher beurteilte eine weitere Testgruppe. Sie bewertete das Lachen der Testpersonen nur dann als angenehm, wenn sie die charakteristische Mimik des echten Lachens zeigten. So konnte Carsten Niemitz nachweisen, dass sowohl die Fähigkeit zu lachen als auch die Fähigkeit es zu interpretieren, als allgemeingültiges Lachprogramm genetisch in uns festgelegt sind.

Aber nicht nur die Augenlachfalten signalisieren die Echtheit unseres Lachens, auch die Zeit spielt hierbei eine entscheidende Rolle. Lachforscher gehen davon aus, dass ein echtes Lachen spätestens eine halbe Sekunde nach dem Lachreiz einsetzt. „Wenn es länger dauert, glaubt man es nicht mehr. Außerdem wurden besonders die als positiv bewertet, die nach einem Blickkontakt die Augen schlossen und beim wieder aufmachen das Gegenüber nicht mehr ansahen", stellte Carsten Niemitz in seinen aufwändigen Tests[28] fest. Das unechte Lachen dagegen geht mit weniger Mimik einher und setzt verzögert ein. Wenn unsere Lachmimik länger als eine halbe Sekunde benötigt, um sich als Gesamtbild zu entwickeln, dann weiß unser Gegenüber, dass unser Lachen durch die Gehirnzellen gegangen ist und somit nicht glaubwürdig ist. So können wir anhand der Zeitdauer erkennen, ob das Lachen unserer Mitmenschen von Herzen kommt, also echt ist oder nicht.

Auch der Ton gibt Aufschluss über die Echtheit unseres Lachens, denn beim Lachen modulieren und vokalisieren wir ähnlich wie beim Singen. Unseren hochkomplexen Lachvorgang (Lachmelodie, Tonhöhe, Grunzlaute usw.) steuern wir unbewusst, daher können wir ihn auch nicht glaubwürdig nachahmen. Nach Ansicht der Lachforscher erkennt somit jeder Mensch instinktiv, ob das Lachen seines Gegenübers echt oder unecht ist. Wir stoßen beim Lachen rhythmische Laute aus, wovon jeder einzelne ca.

---

[28] Mit einem speziellen Computerprogramm vermaß er das Lachen: Augenöffnung und Blickrichtung, Mundöffnung und Bewegungsdynamik des Kopfes.

75 Millisekunden dauert und bis zum nächsten vergehen ca. 210 Millisekunden. Stimmt dieses Verhältnis jedoch nicht, so kommt uns das Lachen gekünstelt vor.

Aber warum sollte jemand sein Lachen vortäuschen? Ganz einfach, weil er sich zu einer Gruppe zugehörig fühlen möchte, weil er höflich sein möchte, oder weil er als Politiker wieder gewählt werden möchte.

Dabei ist jedoch Vorsicht geboten, denn dieses gekünstelte Lachen kann – wenn wir es zu oft betreiben – krank machen! Eine Studie der Universität Frankfurt am Main[29] stellte fest, dass insbesondere Dauer- und Berufslächler wie Stewardessen, Callcenter-Mitarbeiter oder Verkäufer unter Depressionen oder Herz-Kreislauf-Problemen leiden. Ihnen rät der Psychologe Dieter Zapf von der Universität Frankfurt a.M., sich in ihren Arbeitspausen so oft wie möglich zurückzuziehen, um ihre Aggressionen abzubauen und sich vom anstrengenden Lächelzwang zu erholen.

Augenzwinkernd

Falls auch Sie, liebe Leserin, beim Blick in den Spiegel ab und zu in die Versuchung kommen, Ihre Falten glatt ziehen zu wollen, so denken Sie bitte an diese tröstlichen Worte des Arztes und Kabarettisten Dr. Eckart von Hirschhausen: „Wenn ich eine Frau über dreißig treffe, die keine Lachfältchen hat, frage ich mich nicht, was für eine tolle Creme sie benutzt, sondern was sie für eine Einstellung hat. Mimikfältchen zeigen echte Gefühle und Gedanken – wer dank Botox keine Fältchen hat, wirkt nicht nur jünger, sondern auch dreißig IQ-Punkte dümmer!"

Zwar ist echtes Lachen nicht willentlich steuerbar, aber wir können es aufgrund seiner Ansteckungskraft gezielt im Zusammenleben nutzen. Garantiert wird ein echtes Lachen im Kindergarten, in der Schulklasse oder in der Familie viele weitere echte Lacher auslösen.

---

[29] Psychologen ließen Studenten in einem fiktiven Call-Center arbeiten und von einer vermeindlichen Kundin beschimpfen. Einige Teilnehmer durften zurückschimpfen, die anderen mussten freundlich bleiben. Das Ergebnis: Bei den zwanghaft dauerhaft freundlichen Probanden raste das Herz noch lang nach dem Ende des Gesprächs.

Gutes und böses Lachen

Für die Soziologen ist unser Lachen vor allem ein soziales Schmiermittel (→ Kap. 2). Meistenfalls entspannt es die Atmosphäre und sorgt für ein angenehmes Einverständnis zwischen unseren Mitmenschen. Allerdings hat es auch eine sehr schmerzhafte Schattenseite, vor allem wenn es von Schadenfreude begleitet ist.

Ein solch hämisches, ausgrenzendes Lachen – das schlimmer als körperliche Gewalt sein kann – hatte im Mittelalter Hochkonjunktur und dies, obwohl oder gerade weil es ein kirchliches Lachverbot gab. Die Ergebnisse des österreichischen Schriftstellers Arthur Koestler (1966) sind diesbezüglich sehr aufschlussreich. Er begab sich auf die Suche nach dem Lachen im Alten Testament und fand neunundzwanzig Hinweise von denen nur zwei „aus wirklich fröhlichem Herzen" kommen, aber dreizehn mit Verachtung und Spott verbunden sind.

Die Kommunikation an den mittelalterlichen Höfen hing am seidenen Faden, d.h. eine kleine Handbewegung oder ein Zucken der Augenbraue des Königs konnte alles entscheiden. Auch das Lachen oder Nichtlachen war von seinem hierarchischen Code geprägt. Er vermochte starke, verbündete Lachgemeinschaften zu erzeugen oder Gruppen auszuschließen und so eine exklusive Komik zu schaffen. Diese kam in vielen mittelalterlichen Schwankromanen zum Einsatz, um andere zu ächten und zu unterdrücken. Vor allem die Schwächeren, z.B. die einfältigen Bauern, bekamen hier zur allgemeinen Belustigung ihr Fett weg.

Aprilscherz

Woher kommt der Brauch, den 1. April als Scherztag zu nutzen? Hierfür gibt es viele Erklärungsversuche, die bis ins Spätmittelalter reichen, z.B.:

- Im Jahre 1530 sollte das Münzwesen auf dem Reichstag in Augsburg neu geregelt werden. Aus Zeitgründen wurde dies jedoch versäumt, und als am 1. April der angekündigte Münztag nicht stattfand, verloren viele Spekulanten ihr Geld und wurden ausgelacht.

- Ein sechzehnjähriges Mädchen hat am 1. April den als Schürzenjäger bekannten französischen König Heinrich IV. (1589 – 1610) zu einem heimlichen Rendezvous in ein Lustschloss bestellt. Als der König voller Vorfreude erschien, begrüßte ihn anstelle des ersehnten Mädchens der versammelte Hofstaat samt seiner Gemahlin Maria von Medici. Sie dankte ihm wiederum, dass er ihrer Einladung zum „Narrenball" gefolgt sei.
- Im Jahr 1564 führte der französische König Karl IX. eine Kalenderreform durch und verlegte den Jahresbeginn vom 1. April auf den 1. Januar. Diejenigen, die weiterhin am 1. April das neue Jahr feierten, wurden verspottet.
- Als weitere Erklärung des Brauches wird auch das wechselhafte Aprilwetter angeführt.

Das Lachen hat also viele Gesichter; es muss nicht unbedingt mit respektvollem Humor zu tun haben, es kann auch aus purer Schadenfreude entstehen. Das Auslachen auf Kosten anderer bezeichnet der deutsche Soziologe Helmut Plessner treffend als „die billigste und schmutzigste Methode der Geselligkeit". Und Christiane Welding nennt es in ihrer Diplomarbeit das „böse" Lachen, weil es als Waffe eingesetzt werden kann, mit dem Ziel jemanden zu verletzen. Solch ein Überlegenheits- und Herabsetzungshumor (z. B. Zynismus, Sarkasmus) ist destruktiv und dient vor allem der Abgrenzung. Es schließt den Betroffenen aus und gibt dem Lachenden das Gefühl der Überlegenheit und Stärke. Wie unangenehm es sein kann, wenn sich über einen Schwächeren das Gelächter der Stärkeren ergießt, haben Sie, lieber Leser, sicher schon mal erlebt. Man wird unfreiwillig Zeuge, wie ein Außenstehender zum Opfer wird.

Diese Formen des Lästerns und der Schadenfreude galten lange Zeit im alltäglichen Umgang miteinander als kulturell tabuisiert. Ein Tabu, das heute immer mehr aufzubrechen scheint. Die exklusive Komik, der bissige Witz und das ausgrenzende Lachen sind heute wieder salonfähig und gelten als besondere Auszeichnung. So wird zum Beispiel der deutsche Kabarettist, Entertainer und Moderator Harald Schmidt wegen seines oft respektlosen und zynischen Humors von den Medien als *Dirty Harry* gefeiert.

Dazu meint der Berliner Kulturwissenschaftler Werner Röcke: „Ich sehe einen Zusammenhang zwischen dem, was wir im Mittelalter an aggressiver Komik haben, und dem, was etwa Harald Schmidt praktiziert hat. Der Zusammenhang besteht darin, dass wir uns heute wieder gestatten, andere Leute öffentlich bloßzustellen, zu verspotten und diesen aggressiven Witz zu praktizieren, der ja unglaublich weh tut."

Darüber lachen Kindergartenkinder

Ein Känguruh hüpft durch den Wald. Immer wieder muss es sich am Bauch kratzen. Plötzlich hat es genug. Es zieht sein Baby am Schlafittchen aus dem Beutel und sagt: „Wie oft soll ich dir noch sagen, du sollst in deinem Zimmer keinen Zwieback essen!"

Dieser maladaptive bzw. unangepasste Humor ist oft nichts anderes als ein Abwehrmechanismus, der häufig der Unterdrückung eigener Gefühle oder als Machtinstrument dient. So hat der Zyniker – der sich selbst noch für witzig hält – den Humorspielraum längst überschritten. Vielmehr entlarvt er seine eigenen Verbitterungen und Aggressionen, die er zur Tarnung in sarkastischen, diskriminierenden Witzen verpackt. Das zynische Gelächter und die erniedrigende Schadenfreude vermag – wenn auch nur kurzfristig und oberflächlich – den eigenen Selbstwert zu erhöhen. Auch im Voyeurismus, wenn wir gedemütigten Mitmenschen beim Scheitern zusehen, kompensieren wir letztendlich die eigenen Ängste und Unzulänglichkeiten.

Dem gegenüber steht der konstruktive Humor, der aufgrund seiner positiven, freudigen Motivation eine Nähe zu den Mitmenschen fördert. Dies bezeichnet Christiane Welding in ihrer Diplomarbeit treffend als „gutes Lachen", das sich „nicht über etwas lustig macht, sondern in konstruktiver Weise einer bitteren Seite des Daseins ein Lächeln abgewinnen kann. Es ist frei von Überheblichkeit und Arroganz und belustigt sich nicht auf Kosten eines anderen."

Diese Unterscheidung von „gutem" und „bösem" Lachen ist vor allem in der Pädagogik bedeutsam, denn Kinder unter fünf Jahren beherrschen das bewusste Auslachen nur rudimentär. Die dazu erforderliche Fähigkeit, sich in andere Menschen hineinzufühlen, ist bei ihnen noch gering oder gar nicht ausgeprägt. Sie lachen meist nur über die komische Situation, ohne nachzuempfinden, dass das ausgelachte Kind darunter leiden könnte.[30] Erst mit ca. sechs Jahren setzt auch bei ihnen das Auslachen und die Schadenfreude als gezieltes Mittel der sozialen Auf- und Abwertung ein. Im Schulalter erfahren Kinder allmählich bewusst, dass sie sich dem ausgelachten Kind gegenüber überlegen fühlen und so andere Kinder ausschließen und sich selbst abgrenzen können. Bedrohlich wird es, wenn das ausgelachte Kind einen so starken Macht- und Ansehensverlust erleidet, dass es zum Mobbingopfer wird. Dann erlebt es auf schmerzhafte Weise eine kollektive, meist willkürliche Ausgrenzung, die seine kognitiven Leistungen und sein emotionales Gleichgewicht gefährdet. Sowohl nonverbale Gesten als auch verbaler Spott seitens der Mitschüler oder noch schlimmer seitens des Lehrers werden oft in ihrer demütigenden Wirkung unterschätzt! Es liegt an uns, Eltern und Pädagogen, Kleinkinder aus der Schusslinie des „bösen Humors" zu nehmen. Helfen wir Erwachsene ihnen nicht, so machen manche Kinder aus ihrer Not eine Tugend. Sie schlüpfen aus Eigenschutz freiwillig in die Rolle des Kaspers und zwar noch bevor es andere tun. Dieser psychologisch sicher geschickte Schachzug kann aber auch zur sozialen Isolation führen.

Daher möchte ich alle Pädagogen erneut vor unreflektiertem Gebrauch von Ironie warnen. Denn um sie adäquat zu verstehen oder gar zu genießen, muss das Kind eine intellektuelle Entwicklungsstufe (→ Kap. 5) erreicht haben, die ihm ermöglicht, das Prinzip der Ironie zu verstehen. Es muss erkennen können, dass man etwas sagen kann und eigentlich das Gegenteil meint. Denn die Ironie (griech. *eironeia* = Verstellung) lebt schließlich vom Widerspruch zwischen Aussage und Sachverhalt, z. B. wenn Eltern eine überflüssige Geldausgabe rügen wollen und sagen: „Wir haben's ja!" Oder ein Kind, das seinen Kakao verschüttet hat, kann auf unsere ironische Bemerkung: „Das hast du aber toll hingekriegt!", nur verwirrt reagieren.

Diese Aussagen können Kinder nur aus dem konkreten Kontext heraus verstehen. Dazu benötigen sie unsere Hilfe: Kleine mimische Zeichen, z. B. ein Augenzwinkern oder einen verbalen Hinweis wie: „Das war doch nur Spaß!" Nur so können sie Schritt für Schritt erkennen, dass sie gerade einer neuen Form von Humor begegnen.

---

[30] vgl. Lempp 1998

Das Gelächter der Geschlechter

Nachdem Gott die Welt erschaffen hatte,
schuf er Mann und Frau.
Um das Ganze vor dem Untergang zu bewahren,
schuf er den Humor.
Guillermo Mordillo

Es gibt keinen Zweifel: Männer lachen anders – Frauen auch! Zuerst ist der Unterschied deutlich hörbar, denn Frauen bringen beim Lachen ihre Stimmbänder in höhere Schwingungen als Männer. Aber das Lachen der Geschlechter zeigt auch viele gesellschaftliche und psychologische Unterschiede. Dabei sind folgende Ergebnisse aus den zahlreichen Studien der Humorforschung für uns Pädagogen aufschlussreich:

Männer machen öfter Witze; sie ärgern und foppen ihre Mitmenschen häufiger; kurzum, sie initiieren mehr Humor als Frauen.[31] Die Berliner Sprachwissenschaftlerin Barbara Merziger stellte in ihrer Studie[32] im Rahmen ihrer Dissertation fest, dass Frauen nachweislich häufiger lachen als Männer. Dabei setzen sie ihr Lachen gezielter ein, z. B. um Redebeiträge in verschiedene Abschnitte einzuteilen und den Gesprächsverlauf zu ordnen.

Auch wenn beide Geschlechter gleichermaßen gerne über humoreske Tabubrüche lachen, so gibt es in den Inhalten doch erhebliche Unterschiede. In seiner umfangreichen Witzstudie (→ Kap. 4) fand der britische Psychologe Richard Wiseman (University of Hertfordshire in England) heraus, dass Männer aggressive Witze und solche mit Sexinhalten bevorzugen. Die sprachbegabteren Frauen hingegen lachen viel lieber über kluge Wortwitze mit feinsinnigen Pointen, über Situationskomik und schlagfertige Entgegnungen. Schadenfreude dagegen fällt ihnen sehr schwer, diese scheint wohl eher eine männliche Vorliebe zu sein. Der männliche Humor ist häufiger von aggressiver Art und richtet sich dabei gegen andere oder gegen sich selbst. Der weibliche Humor zielt meist darauf ab, eine für alle Beteiligten angenehme Atmosphäre zu schaffen.

---

31 vgl. Coser 1959/McGhee 1979b

32 Im Rahmen ihrer Dissertation (2005) lud B. Merziger 34 Frauen zwischen 18 und 81 Jahren zu einem Gespräch über Shopping und Sexualität ein. Den Testpersonen teilte sie den eigentlichen Grund der Einladung nicht mit. Sie zeichnete die Interviews auf Video und Tonband auf und wertete anschließend das Lachverhalten aus.

Geschlechtliche Unterschiede sind auch mit fortschreitendem Lebensalter festzustellen. Während sich der Humor des Mannes im Alter wenig oder gar nicht ändert, erlebt die Frau eine wesentliche Verschiebung. In jungen Jahren teilt sie ihren Humor noch gerne mit anderen. Mit zunehmendem Alter findet sie immer mehr Freude an der humorvollen Betrachtung der Welt und zwar ohne hierzu ihre Mitmenschen zu benötigen.

Übrigens: Frauen lachen auch öfter über sich selbst, dies ergab zumindest eine Umfrage des Hamburger Ipsos-Instituts, bei der 1.000 Menschen befragt wurden. Darin gaben 16 % der Frauen und nur 10 % der Männer an, über sich selbst lachen zu können.

Augenzwinkernd

Warum Johann Wolfgang von Goethe meinte *Ich liebe mir den heiteren Mann am meisten unter meinen Gästen!* kann ich nach all diesen Forschungsergebnissen nicht mehr so recht nachvollziehen.

Aber vielleicht ist diese Ansicht auch nur eine Frage des Zeitgeistes, denn lautes, offenmundiges Frauenlachen war lange Zeit verpönt. Es wurde als vulgär und als Zeichen sexueller Promiskuität (Bereitschaft zu häufig wechselnden Partnern) angesehen. In mittelalterlichen Quellen sind sogar kirchlich verfügte Lachverbote für Frauen zu finden. Es schickte sich für Damen nicht, unkontrolliert und ungezügelt zu lachen. Stattdessen sollten sie mit ihrem perlenden Lächeln und ihrem melodiösen Gurren den Humor des Mannes schmücken und herausheben. Ihr Lächeln und zurückhaltendes Lachen hatte ausschließlich dem repräsentativen Aufwertungszweck ihres männlichen Begleiters zu dienen. So ist es auch zu erklären, dass die Frauenfiguren in der mittelalterlichen Kunst vorwiegend austauschbare Gesichtszüge aufweisen. Erst in der Renaissance rückt das Individuum und damit auch sein emotionaler Gesichtsausdruck in den Mittelpunkt. So malten Leonardo da Vinci (1452 – 1519), Tizian (1488 – 1576) und Michelangelo (1475 – 1564) ihre weiblichen Modelle zwar als individuelle Persönlichkeiten, aber ihr Lachen blieb weiterhin tabu. Auch die berühmte Mona Lisa bildet da keine Ausnahme.

Allen Ernstes! – Litt auch Mona Lisa unter Karies?

Die Mona Lisa – das weltberühmte Ölgemälde von Leonardo da Vinci – entstand wahrscheinlich im Frühjahr 1503. Das auf dünnem Pappelholz gefertigte Gemälde hängt heute im Louvre in Paris. Seit Jahrhunderten gibt es den Kunsthistorikern große Rätsel auf. Wer ist die große Unbekannte? Ist es Leonardo da Vincis Mutter oder eine Kaufmannsgattin oder die Herzogin Isabella von Aragonien, die Enkelin des Königs von Neapel? Das unsignierte und undatierte Porträt lässt sich nicht eindeutig identifizieren. Und schon gar nicht das berühmte, geheimnisvolle Lächeln der Mona Lisa. Es präsentiert sich so fremd und verhalten, dass es für uns heute kaum noch wahrnehmbar ist. Es bietet einen großen Erklärungsspielraum von „so lächeln Menschen ohne Schneidezähne" bis hin zur „sinnlich verführerischen Traumfrau". Einige Kunsthistoriker glauben, dass Mona Lisa ihren Mund aus gutem Grund geschlossen hielt. Ein offenes Lächeln hätte ihre kariösen Zähne zum Vorschein gebracht, und somit ihre viel gepriesene Schönheit zunichte gemacht. Seit 2006 halten französische und kanadische Kunstwissenschaftler eine weitere Erklärung für das seltsame Lächeln der Mona Lisa für möglich. Ihnen fiel auf, – als sie mit spezieller Infrarot- und 3D-Technologie die Farbschichten durchleuchteten – dass das Kleid der Mona Lisa von einem dünnen Schleier umhüllt ist, der bislang nicht zu erkennen war. Einen solchen Schleier trugen im frühen 16. Jahrhundert in Italien nur Frauen, die schwanger waren oder jüngst ein Kind geboren hatten.

Über die Jahrhunderte hinweg waren insbesondere Frauen vom Lachverbot betroffen. So hatte eine *feine Dame* den Mund geschlossen zu halten oder als höchstes der Gefühle ein keusches, verhaltenes Lächeln zu zeigen. Ging sie darüber hinaus, so wurde sie als vulgär und obszön abgestempelt.

Dieses Lachkorsett für Frauen wirkte in Deutschland bis in die sechziger Jahre, wo lautes Frauenlachen entweder als Zeichen von Wahnsinn oder von sexueller Anmache verstanden wurde. Die damals gängigen Etikette-Fibeln und Benimmbücher wiesen die Damen noch ausdrücklich an, wenn überhaupt Witze zu erzählen, dann nur in gemischter Gesellschaft. Aber sie sollten unbedingt ein freudiges Lachen erklingen lassen, wenn der Herr des Hauses einen Scherz zum besten gab. Bis in die achtziger Jahre hinein galt offensiver Humor von Frauen in der Öffentlichkeit als unfein und nicht damenhaft. Frauen waren viel öfter passive Objekte von Humor als aktive Subjekte. Die Linguistin und Humorforscherin Prof. Dr. Helga Kotthoff (Universität Freiburg) erklärt dies mit dem traditionellen Ausdruck von Weiblichkeit, nämlich Sittsamkeit und vornehme Zurückhaltung.[33] Und in manch höheren Kreisen wird dieses geschlechtspezifische Rollenlachen noch heute als ausgesprochen vornehm angesehen!

Darüber lachen Schulkinder

Im Zoo schielen zwei Elefantendamen nachdenklich rüber zu den Zebras. Nach einer Weile sagt die eine zur anderen: „Es stimmt eben doch, was in den Modezeitschriften steht: Längsstreifen machen schlank!"

Selbst noch im 21. Jahrhundert ist das öffentliche, weibliche Lachen – als Ausdruck der Freude und starker Emotionalität – in Ländern mit patriarchalischen Strukturen wie z. B. Pakistan verpönt. Und dies ist typisch für Gesellschaften mit ungleichen Geschlechterrollen. Hier verstößt das offene Lachen von Frauen vor allem in Anwesenheit von Männern oder älteren Menschen gegen die weibliche Rollendefinition von Bescheidenheit und Passivität.

Betrachtet man diesen historischen Weg des Frauenlachens so wird eines klar: Je weiter die Emanzipation voranschreitet, umso mehr Frauen betreten das Humorterrain. Als Pionierin hatte es Helga Feddersen in den 60er/70er Jahren sehr schwer, denn man lachte weniger über ihre Humorinhalte als vielmehr über sie. Auch Anke Engelkes Weg als Komikerin war ein beschwerlicher. Bis heute sind weibliche Klassenclowns und Komikerinnen weitaus seltener zu finden als männliche. Wie kommt das? Sam Shuster von der University of East Anglia in Norwich, England, macht hierfür die geschlech-

[33] vgl. Kotthoff 1988; 1996

terspezifischen Hormonunterschiede verantwortlich. So seien die testosteronbegünstigten Männer wesentlich witziger als Frauen. Dies klingt zunächst unglaublich, aber eines ist gewiss: Humor und Macht stehen in enger Verbindung!

Wer kennt ihn nicht, den Augenblick, wo man sich mit einem Lachen über einen schlechten Witz beliebt machen wollte? Diese Taktik haben vor allem Frauen perfektioniert, manche schmunzeln gerne und filmreif über die schlechtesten Witze der Alpha-Männer! Mit ihrem anerkennenden Lachen bestätigen sie unbewusst die Dominanz eines Mannes, dies meint zumindest der Lachforscher Robert Provine. Auch andere Studien haben gezeigt, dass sich Mädchen gegenüber Jungen mit witzigen Humorangriffen zurückhalten.[34] So meint Prof. Dr. Helga Kotthoff: „Ein lautes Weiberlachen kann immer noch bedrohlich sein, weil es antiautoritäre Züge hat. Anthropologen berichten von Gesellschaften, deren Weiblichkeitsbild sich ganz an den Werten Bescheidenheit, Passivität und Zurückhaltung orientiert und das den Frauen freies Lachen gleich ganz untersagt. So lachen die Frauen der griechischen Sarakatsani-Hirtenvölker in der Öffentlichkeit nicht. Sie würden sonst als sexuell ausschweifend gelten. International gesehen, lächeln jene Frauen am häufigsten, die dem Mann am meisten untertan zu sein haben: Thailänderinnen, Philippinerinnen, Koreanerinnen. Die traditionelle Frau lacht unbedingt, wenn ein Mann einen Witz macht, und hält sich im Gespräch deutlich zurück. Sie lässt ihn glänzen und gibt ihm durch ihr Lachen das Gefühl, eine ganz tolle Nummer zu sein. Heute reagieren selbstbewusste Frauen sensibler auf das männliche Humorverhalten, und sie wagen auch eigene Witze."[35]

Bei der Partnersuche spielt Humor eine sehr große Rolle! Vor allem die Männer geben in Gesellschaft von Frauen ihr Bestes, um für das andere Geschlecht interessant zu werden. Und wann immer es ihnen gelingt, Frauen mit männlichem Charme zum Lachen zu bringen, ist ihnen ein Siegesplatz garantiert. Denn Frauen legen neben Status und finanzieller Sicherheit großen Wert auf Humor. Er rangiert an der Spitze der Eigenschaften, die Frauen am meisten bei Männern schätzen.[36] In einer Studie[37] soll-

---

[34] vgl. McGee 1979a/Neitz 1980/Ziv 1984

[35] vgl. Kotthoff 1996

[36] vgl. Grasskamp 2002

[37] Der Lehrstuhl für Soziologie und empirische Sozialforschung an der Kath. Universität Eichstätt-Ingolstadt führte im Frühjahr 2006 eine Telefonumfrage durch, in der Frauen im Alter zwischen 18 und 92 Jahren befragt wurden.

ten Frauen in einer Rangliste vermerken, welche Merkmale sie bei Männern attraktiv finden. Ganz weit oben stand „Humor" gefolgt von „Kinder mögen" und „Zeit haben". Ein Blick in die Bekanntschafts- und Hochzeitsanzeigen der Tageszeitungen bestätigt diese Tendenz. Nichts wünschen Frauen in ihren Kontaktanzeigen von ihrem Zukünftigen mehr als Sinn für Humor.

Allen Ernstes! – „Nettes Weib mit Herz, Verstand und Humor ...

Anf. 60 schlank, bereit zum Lachen, Lieben, Leben teilen. Sucht Dich, den klugen Mann mit Witz, Herz und Mut!"
Haben humorvolle Menschen in der Evolution etwa mehr Erfolg bei dem was Charles Darwin *sexuelle Zuchtwahl* nannte? Zeigt ein Mann mit Sinn für Humor der potenziellen Frau seine mentale Flexibilität und Offenheit? Finden humorvolle Menschen schneller wieder neue Partner? Fragen über Fragen – ernsthaft bedenkenswert oder lächerlich?

Im Kindes- und insbesondere im Jugendalter sind verbaler Schlagabtausch und witziger Wortwechsel besonders gefragt. Aber auch hier sind geschlechtsspezifische Unterschiede festzustellen. „Beobachtet man das Verhalten in männlichen Jugendcliquen, kann bereits festgestellt werden, dass jene, die viel witzeln, auch eine Art Führungsposition einnehmen. Den Statusniedrigen bleibt die Rolle der passiven Humoristen, die sich durch Mitlachen manifestiert. Diese Rolle haben öfters auch die Frauen. Notorische Mitlacher respektieren vorgegebene Machtstrukturen, sind oft überangepasst und lassen sich auch einiges bieten. Sie haben manchmal weder den Mut noch das Selbstbewusstsein, auf eine Kränkung mit Nichtlachen zu reagieren."[38]

---

[38] vgl. Kotthoff 1996

Augenzwinkernd

Haben Sie sich, liebe Leserin, auch schon mal gefragt, warum Männer beim Sex ungern lachen? Nun, die medizinische Begründung ist sehr einleuchtend: Da beim Lachen das Gehirn durchblutet wird, ist es Männern biologisch nicht möglich, zu lachen und gleichzeitig eine Erektion zu halten. Wer lacht, wird zwangsläufig zum Schlappschwanz. Denn das Blut im Organismus des Mannes reicht nicht aus, um beide Organe zu versorgen!

Sicher liegen die Humorvorlieben von Mann und Frau in ihren unterschiedlichen Sozialisationen begründet. Dass Männer aggressive und obszöne Witze bevorzugen, mag daran liegen, dass sie sich als Jungen in einer Gruppe körperlich durchsetzen und ein gesteigertes Interesse am weiblichen Geschlecht haben mussten. Frauen hingegen bevorzugen sensible und pointenreiche Wortwitze, weil sie sich in der Gruppe mit sprachlicher Intelligenz durchsetzen konnten und sich früh für Wort- und Klangspiel interessierten. Dementsprechend bevorzugen Mädchen dialogische Formen des Humors, während Jungen eher monologische Formen vorziehen.[39]

Viele Studien zur Humorentwicklung von Schulkindern zeigen auf, dass Jungen vor allem ein kompetitives Humorverhalten zeigen, während Mädchen in der Humorproduktion viel lieber kooperieren. Sie gehen spielerischer mit Humor um und gebrauchen aggressive Formen weitaus seltener als Jungen. Und wenn Mädchen sich mal auf das aggressive Humorparkett begeben, dann oft mit dem erklärenden Hinweis: „War ja nur´n Witz!" So beobachtete Alice Groch in ihrer im Kindergarten durchgeführten Studie mit 30 Kindern im Alter von drei bis fünf Jahren, dass die Jungen in Humordingen tendenziell initiativer sind als Mädchen. Des Weiteren bestätigte sie, dass das Humorverhalten der Jungen häufig von Aggression und Feindseligkeit geprägt ist. Der Humorforscher Paul E. McGhee gelangt zwar zu ähnlichen Erkenntnissen, aber er weist darauf hin, dass die geschlechtsspezifischen Unterschiede erst ab etwa sechs Jahren eindeutig nachweisbar seien.

[39] vgl. Stocking, Zillmann 1996

Auch in den Lachanlässen sind Unterschiede bei Mädchen und Jungen festzustellen. Die Leiterin des internationalen Zentralinstituts für das Jugend- und Bildungsfernsehen in München, Dr. Maya Götz fasst die wissenschaftlichen Untersuchungen zusammen: „Mädchen amüsieren sich eher über Themen wie Romantik und genießen Komik, die in Beziehung hergestellt wird. In ihren Ausführungen betonen sie Humormomente wie lustiges Aussehen, lustigen Ton oder lustige Bewegungen. Jungen lachen eher über Action, Explosionen und genießen Übertreibungen sowie kleine Missgeschicke anderer."

Aber Vorsicht vor voreiligen Schlussfolgerungen, lieber Leser, denn in der Genderforschung (Forschung über die Geschlechtsunterschiede) gilt immer noch der Satz: Junge und Mädchen sind unterschiedlich, aber zwei Mädchen können sich noch stärker voneinander unterscheiden als ein Junge und ein Mädchen!

Vom Kitzeln zum Tränenlachen

Humor zu haben ist die Lust, zu lachen,
wenn's zum Weinen ist.
Wilhelm Busch

Wie sehr Überraschung und Lachen zusammengehören, können wir am eigenen Leib erleben, wenn wir zum richtigen Zeitpunkt an den richtigen Stellen z. B. unter den Achseln, in der Taille, an den Fußsohlen gekitzelt werden. Dann biegen wir uns vor Lachen, wehren und sehnen uns nach dem Motto „Bitte aufhören aber auch weitermachen!"

Auf die Frage, warum wir überhaupt kitzelig sind, antwortet die Forschung mit zwei Annahmen:

Kitzeln ist ein evolutionäres Schutzprogramm

Wie so oft hat uns auch hier die Evolution einen urzeitlichen Schutzmechanismus beschert, der sich automatisch in Gang setzt, wenn uns ein anderer Mensch sehr schnell sehr nahe kommt. Wenn die vermutete Gefahr, also der befürchtete Angriff ausbleibt und stattdessen eine harmlose Berührung erfolgt, dann sind wir erleichtert. Unsere Muskeln und Nerven entspannen sich, und schon lachen wir lauthals. Für Evolutionstheoretiker ist Kitzlig-Sein also eine Art Kampftraining. Sie bemerkten im übrigen, dass wir genau an den Stellen am kitzligsten sind, wo wir im Kampf auch am verwundbarsten sind. So lernen wir automatisch, diese Stellen zu schützen. Dass auch Schmerz und Kitzlig-Sein in einem engen Zusammenhang stehen, konnten Neurophysiologen feststellen. Unser Kitzlig-Sein hängt unter anderem von der Funktionstüchtigkeit der Nervenbahnen, die Schmerzsignale weiterleiten, ab. Wenn Chirurgen bestimmte Schmerzleitungen durchtrennen, um uns starke Schmerzen erträglicher zu machen, so ist unsere Haut weniger kitzlig.

Kitzeln ist ein soziales Bindungsprogramm

Insbesondere stärkt es die Bindung zwischen Eltern und Kindern. Wer kennt sie nicht, die liebevollen Augenblicke, wenn Kinder beim Kitzeln immer wieder „Noch Mal!" rufen. Dann sehnen sie sich nach dem liebevollen Moment der Geborgenheit und Zusammengehörigkeit. Charles Darwin vermutete als erster, dass bei der Kitzelreaktion der soziale Kontext eine große Rolle spielt. Er wies darauf hin, dass ein Kleinkind, wenn es von einer fremden Person gekitzelt wird, nicht lacht, sondern schreit oder gar weint. Kitzeln könnte also ein soziales Bindungskonstrukt sein und das macht plausibel, warum Selbstkitzler nicht lachen können.

Was hat es mit dem Kitzeln noch so auf sich und warum funktioniert es nicht immer? Nähert sich uns ein anderer Mensch, so reicht oft schon die Andeutung auf ein kommendes Kitzeln – z. B. ein auf unseren Bauch zeigender Finger – und schon lachen wir.

Aber uns selbst kitzeln, das funktioniert dagegen nicht! Wie kommt's? Ganz einfach: Unser Gehirn berechnet blitzschnell, wo wir uns berühren werden und setzt die Nervensignale in dieser Körperregion so weit herab, dass wir dort nicht kitzelig sind. Das Gehirn stellt also wirkungsvolle Vorhersagen darüber an, welche Wahrnehmung wir aus einer Bewegung unseres eigenen Körpers zu erwarten haben. Tritt seine Prognose in der Realität ein, so schickt es zu unserem Schutz hemmende Signale.

Ein Experiment unter der Leitung von Sarah-Jayne Blakemore vom Wellcome Department of Cognitive Neurology des University College in London belegte dies sehr eindrücklich. Ein Roboter kitzelte die linke Hand der Testpersonen mit einem

Schwamm. Mal steuerten die Testpersonen seine Hand selbst mit ihrer rechten Hand und mal übernahm ein Forscher dieses Kommando. Währenddessen beobachtete man die Vorgänge im Gehirn mithilfe der funktionellen Magnetresonanztomografie (fMRI). Unmittelbar wenn der Schwamm die Hand berührte, wurde auf den fMRI-Bildern erwartungsgemäß eine bestimmte Region im somatosensorischen Cortex aktiv. Hier verarbeitet das Gehirn unsere von den Organen und der Haut wahrgenommenen Tastreize. Steuerten die Testteilnehmer den Kitzelroboter eigenhändig, so sank die Aktivität in dieser Region deutlich stärker als unter Fremdkontrolle. So wurde offensichtlich, dass beim Selbstkitzeln ein Teil der Nervenimpulse unterdrückt werden, die normalerweise im somatosensorischen Cortex ankommen. Aber dieser Bereich im Kleinhirn lässt sich mithilfe der Zeit überlisten. Denn als die Forscher den Roboter so programmierten, dass der Steuerbefehl um eine fünftel Sekunde verzögert den Schwamm bewegte, funktioniert es endlich: Die Testpersonen konnten sich selbst kitzeln.

Übrigens: Kitzeln ist nicht immer gleich Kitzeln! Die Experten unterscheiden zwei Varianten, die von G. Stanley Hall und Arthur Allin (1898) mit griechischen Namen bezeichnet wurden:

- **Knismesis:** Sanftes Kitzeln z. B. wenn man uns mit einer Feder leicht über die Haut streichelt. Diese sinnliche, fast juckende Empfindung verspüren wir auch dann, wenn wir uns selbst federleicht kitzeln. Selten löst diese Form des Kitzelns ein Lachen hervor, höchstens ein Lächeln. Forscher gehen von einer physiologischen Reaktion aus, die uns gegen den Hautkontakt mit Insekten schützen soll. Über diese irritierende Empfindung verfügen übrigens auch die meisten Säugetiere. So schätzen z. B. Schimpansen dieses spielerische Gekitzeltwerden.
- **Gargalesis:** Starke Kitzelattacke mit punktuellem Druck auf einzelne Körperstellen. Werden wir dort gezielt gekitzelt, dann brechen wir in Gelächter aus. Diesen Wohlgenuss können bei uns nur andere Menschen auslösen, denn er funktioniert nur überraschend und unberechenbar.

Lang andauerndes Kitzeln war nicht immer eine angenehme Sache. Die mittelalterlichen Folterknechte waren auf das Totlachen spezialisiert. Sie strichen dem Delinquenten Salz auf die Fußsohlen und ließen dieses von Ziegen ablecken. Die Ärmsten konnten nicht mehr aufhören zu lachen. Die raue Zunge der Ziege trug das Salz auf der Haut allmählich ab, es entstanden offene Wunden in die erneut Salz gestreut wurde. Sie wurden zu Tode gekitzelt, litten an Lungen- und Muskelschmerzen und starben schließlich an Herzversagen oder einem geplatzten Gefäß im Gehirn. Folteropfer wurden auch mit nackten Füßen am Pranger fixiert, damit Passanten ihre Fußsohlen kitzeln konnten.

Bis heute bilden Lachen und Weinen eine unauflösliche Einheit. Spätestens bei einem Lachanfall erleben wir, wie unsere Tränen übers Gesicht kullern. Für diese recht ambivalente Reaktion – denn schließlich assoziieren wir mit Tränen ein Gefühl der Traurigkeit – gibt es unterschiedliche Erklärungen. Manche Experten machen hierfür unseren Lachmuskel, den Zygomaticus (→ Kap.1), verantwortlich. Als einer unserer 15 Gesichtsmuskeln soll er beim Lachvorgang auf den Tränensack drücken. So komme es zu einer unfreiwilligen Muskelkontraktion um das Auge, welche auf den Tränensack drücke. Diese Annahme hat jedoch einen kleinen Haken: Wir müssten bei jeder Fratze, die wir ziehen automatisch weinen. Das ist aber nicht der Fall.

Daher nehmen andere Experten an, dass unsere Tränen durch Nervenimpulse ausgelöst werden und als Ventile in emotionalen Situationen und Ausnahmezuständen fungieren. Sowohl Trauer als auch übermäßige Freude stimulieren dieses vegetative Nervensystem und schon rollen die Tränen. So können wir beim Lachen auch Freudentränen vergießen.

Ein Wunder, dass wir eigentlich viel öfter genießen sollten!

„Kumm, loss mer fiere, nit lamentiere
jet Spass un Freud, dat hät noch keinem Minsch jeschad.
Denn die Trone, die do laachs, musste nit kriesche.
Loss mer fiere op kölsche Aat!“[40]

---

40 Aus dem Kölschen (Kölner Dialekt) übersetzt: Komm lass uns feiern, nicht lamentieren. Ein wenig Spaß und Freude hat noch keinem Menschen geschadet. Denn die Tränen, die du lachst, musst du nicht weinen. Lass uns feiern auf kölsche Art!
Text und Musik von der Kölner Mundart- und Karnevalsgruppe „Höhner“ (J.-P. Fröhlich, P. Werner-Jates, F.-M. Willizil, H. Krautmacher, H. Schöner)

Kapitel 4

Die Verwandten des Lachens

Für den Optimisten ist das Leben kein Problem, sondern bereits die Lösung.
Marcel Pagnol

Die große Familie des Lachens hat viele Verwandte, die sich in einem sehr ähneln: Sie treten gegen den Ernst und die Schwere des Alltags an, und sie schenken uns die positivste Sicht auf die Welt. Voller Lebensweisheit kennen sie unsere Unzulänglichkeiten und die unserer Mitmenschen. Sie sind versöhnlich und betrachten die Unbilden dieser Welt mit einem kleinen Augenzwinkern und großer Nachsicht. Mit Hilfe dieser mächtigen Verwandten können wir eine Brücke zwischen unserer idealen Wunschwelt und der ernüchternden Realität schlagen. Wer sind diese wundervollen Verwandten des Lachens, die uns das Leben so leicht machen?

Nun, liebe Leser, drei davon möchte ich Ihnen vorstellen. Es sind der Humor, der Witz und der Optimismus. Jeder von ihnen zeichnet sich durch besondere Wesensmerkmale und Fähigkeiten aus. Der Humor ist nachdenklich und tiefsinnig, der Witz ist spontan und frech, der Optimismus kommt leicht und versöhnlich daher. Vereinfacht könnte man sagen: Der lautere, grellere Witz entspringt dem Verstand; der leise, subtile Humor dem Herzen und der Optimismus dem visionären Geist. Allen dreien wohnt der Zauber inne, dass sie ein Lächeln und Lachen auslösen können.

Der Humor ist ein vielfältiges Phänomen, das sich nur schwer definieren lässt. Und „Humor ist, was man nicht hat, sobald man ihn definiert."[41] Denn unsere Betrachtung des Humors ist immer kulturgeschichtlich geprägt. In allen Kulturen wird gelacht und gescherzt; überall verbindet und trennt Humor die Menschen. Er ist interkulturell und zugleich so individuell.

Nach Meinung des britischen Psycholgen H.-J. Eysenck (1972) gehen wir davon aus, dass jemand Sinn für Humor hat, wenn er:

- über dieselben Dinge lacht wie wir (Konformität)
- häufig lacht und leicht zu amüsieren ist (Quantität)
- die Begabung hat, andere durch lustige Geschichten oder Witze zu unterhalten und zu amüsieren (Produktivität)

Der Witz ist ein kognitives Erlebnis; es vermag unser Denken und unsere Standpunkte gegenüber Menschen und Dingen zu beeinflussen. Er befähigt uns, über Undenk-

---

[41] R. Presber, zit. nach Gruntz-Stoll 2001

und Unaussprechbares zu sprechen und darüber zu lachen. Er befreit uns für einen kurzen Moment von den Zwängen und Grenzen unserer Kultur. Witz und Esprit zu haben, bedeutet auch den negativen Seiten des Lebens etwas Positives abgewinnen zu können.

Darüber lachen Erwachsene

Ein Mann klettert an der geöffneten Bahnschranke rauf. „Was machen Sie denn da?" fragt der Schrankenwärter. „Ich mess' die Schranke aus." – „Ich kann sie Ihnen auch runterlassen." – „Nützt mir nix. Ich brauch' die Höhe, nicht die Breite."

Der Optimismus lehrt uns, dass uns weniger die äußeren Umstände unglücklich machen, sondern vielmehr unsere Sichtweise auf dieselben. Mit dieser raffinierten Brille aus der Trickkiste der Evolution kommt nicht jeder auf die Welt, manche erwerben sie nie, andere nach und nach im Laufe ihres Lebens. Manche Zeitgenossen nehmen sie nie von der Nase, andere setzen sie erst gar nicht auf. Dabei könnte die Brille des Optimismus jedem Träger große Hoffnung schenken und seinen nüchternen Blick auf eine Welt voller Krisen zuversichtlich tönen. Diese Kraft des Optimismus lebt seit Menschengedenken in allen Lebensbereichen sowohl in der Religion, der Politik als auch an der Börse.

In einer Studie befragten kanadische Psychologen Personen im Alter von 14 bis 87 Jahren, worüber sie lachen.[42] Dabei ermittelten sie vier Typen:

Der Entertainer will sich und seine Mitmenschen gut unterhalten. Er lacht gerne, vor allem mit anderen und nimmt sich selbst nicht zu ernst. Sein Humor fördert eine entspannte, tolerante Atmosphäre und ein Gemeinschaftsgefühl, das Annäherung ermöglicht. Entertainer sind wenig ängstlich, feindselig und depressiv. Schließlich haben sie ein gesundes Selbstwertgefühl, verstehen sich gut mit ihren Mitmenschen und sind offen für neue Erfahrungen.

---

[42] Journal of Research in Personality, 37/2003

Der Selbstunterhalter versteht Humor als Lebensphilosophie. Gerne amüsiert er sich über das Wundersame auf der Welt. Bei Stress und Anspannung bleibt er heiter und gelassen. Sein Humor hilft ihm, Negatives zu verkraften und psychisch stabil zu bleiben. Selbstunterhalter sind optimistisch, fühlen sich sehr wohl und haben eine hohe Selbstachtung. Sie sind offen, sehr umgänglich und gewissenhaft.

Der Angriffslustige benutzt den Humor, um seine Mitmenschen zu kritisieren, zu demütigen und zu manipulieren. Dabei nimmt er keine Rücksicht auf die Gefühle anderer. Seine Witze sind oft rassistisch oder sexistisch. Auch wenn er vordergründig witzig und amüsant wirkt, so ist er letztendlich emotional unsicher und konfliktscheu.

Der Defensive sieht Humor als ein Mittel zum Zweck, um Problemen aus dem Weg zu gehen. Gerne macht er Witze über sich selbst, um sich so aus der Verantwortung zu stehlen. Sein Selbstwertgefühl ist gering, er neigt zum Pessimismus und fühlt sich unter seinen Mitmenschen oft nicht sehr wohl. Er ist emotional labil und unzuverlässig.

Der Humor

Humor ist, wenn man trotzdem lacht!
Otto Julius Bierbaum

Wer Humor besitzt, vermag seine Mitmenschen zu unterhalten, ist sozial anerkannt und beliebt. Des Weiteren bringt er viele unserer Fähigkeiten ans Licht, z. B. unsere rhetorische Geistesgegenwart und Schlagfertigkeit, unseren Einfallsreichtum und unsere Fähigkeit zur mentalen Distanz. Kurzum: Humor ist ein Weichzeichner, der uns in Krisenzeiten vor negativen Gefühlen schützt.

„Humor ist die Gabe eines Menschen, den Unzulänglichkeiten der Welt und der Menschen, den Schwierigkeiten und Missgeschicken des Alltags mit heiterer Gelassenheit zu begegnen.“[43]

---

[43] vgl. Duden, Fremdwörterbuch

Allen Ernstes! – Es gibt ihn den feuchten Humor!

Das Wort kommt ursprünglich aus dem Lateinischen (*humor* = Flüssigkeit, z. B. *humus* oder *humid*) und bedeutet Feuchtigkeit.
In der antiken Medizin ging der Arzt und Anatom Claudius Galen (129 – 216 n. Chr.) von einer Leib-Seele-Einheit aus. So führte er die unterschiedlichen Temperamente der Menschen auf die Mischung ihrer Körpersäfte (humores) zurück. Er glaubte, dass der Mensch vier *humores* besitze: Melancholia (schwarze Galle), Chole (Galle), Phlegma (Schleim) und Sanguis (Blut). Nur wer über eine ausgewogene Mischung der Körpersäfte verfüge, lebe im idealen Gleichgewicht. Aus der Unausgewogenheit der Sekrete leitete die antike Medizin die uns heute noch bekannten vier Temperamentstypen ab.
Überwog die gelbe Galle (griech. *chole*) = Choleriker, leicht reizbarer und jähzorniger Mensch
Überwog die schwarze Galle (lat. *melancholia*) = Melancholiker, Mensch der zur Schwermut neigt
Überwog das Blut (lat. *sanguis*) = Sanguiniker, lebhafter und heiterer Mensch
Überwog der Schleim (lat. *phlegma*) = Phlegmatiker, Mensch der zur Trägheit neigt
In der Renaissance glaubte man, dass erst eine ausgeglichene Mischung dieser Körpersäfte einen „guten Sinn für Humor" ausmachten, Menschen ohne die Ausgewogenheit galten dagegen als „humorlos".[44]

Auch die weitere Geschichte des Begriffs *Humor* ist ausgesprochen spannend. Noch im 17. Jahrhundert hatte er die Bedeutung von abweichendem Verhalten. Mit diesem Begriff brandmarkte man abnormale Persönlichkeiten, die verspottet und ausgelacht wurden. Ihre befremdlichen Eigenarten schrieb man dem Ungleichgewicht ihrer Körpersäfte zu. Humor war als Begriff also ein Mittel um sich von skurrilen Zeitgenossen –

---

[44] Titze 1999, S. 3

von Menschen, die wir heute als Spinner bezeichnen würden – zu distanzieren. Solche der Belustigung ausgelieferten Exzentriker nannten die Engländer *humourist.* Als Ende des 17. Jahrhunderts mit der Aufklärung ein Zeitalter größerer Toleranz und Humanität begann, unterschied man zwischen *bad humour* (z. B. Spott) und *good humour* also einem toleranten und warmherzigen Humor. Erst allmählich sah man in ihm auch die vorteilhafte Begabung, andere zum Lachen zu bringen. Ende des 18. Jahrhunderts schließlich kristallisierte sich der moderne Humorbegriff heraus. Von nun an besaß derjenige einen echten Sinn für Humor (*sense of humour*), der weniger aus Überheblichkeit lachte, sondern vielmehr aus Freude an seinem Mitlacher. Im Laufe des 19. Jahrhundert entwickelte sich der Humorbegriff zu dem, was wir heute darunter verstehen. Dazu trug maßgeblich England mit seinem großen weltpolitischen Einfluss des *British Empire* bei. Philosophen betrachteten nun Humor als ästhetischen Wert, und er wurde in den Kanon der Kardinaltugenden (Gerechtigkeit, Klugheit, Maß und Tapferkeit) aufgenommen. Humor gehörte von nun an zur feinen englischen Lebenskultur, ohne die eine *gentle* Person als unvollkommen galt. So avancierte Humor endlich zur toleranten, wohlwollenden Form des Lachens.

Da in der aktuellen Grundlagenforschung noch viele Fragen offen sind, wird der Begriff Humor unterschiedlich verwendet. Humor ist sowohl eine individuelle Ansichtssache als auch eine Frage des theoretischen Ansatzes von denen ich Ihnen, lieber Leser, die wichtigsten im Folgenden vorstellen möchte.

Evolutionsbiologischer Ansatz

Unser Lachen wird als Signal der Entlastung mit kommunikativer Funktion betrachtet. Der Instinkt spielt hierbei eine große Rolle; denn man nimmt an, dass das Lachen und der Humor in unserem Organismus als nervöser Mechanismus eingebaut ist, um uns eine bessere Anpassung zu ermöglichen.

Emotional-psychotherapeutischer Ansatz

Unser Humor wird als emotionales und physiologisches Phänomen angesehen, das Belastung und Anspannung zu lösen vermag. Humor bietet die Chance, neue Perspektiven zu erleben und Bestehendes zu verändern. Die Entdeckung des Clowns für die Medizin ist diesem Ansatz zu verdanken. Seine Vertreter sehen im Humor „den

Lustgewinn vor allem in der Abreaktion von geistiger, nervöser oder allgemein psychischer Energie. Humor bietet die Möglichkeit, sich auf sozial akzeptierte Weise über kulturelle, konventionelle, logische und andere Zwänge hinwegzusetzen. Er ermöglicht Entlastung vom Realitätsprinzip und von der im Alltag geforderten Vernunft. Normalerweise der Kontrolle unterliegende sexuelle oder aggressive Impulse können im Humor ungestraft ausgelebt werden."[45]

Kognitiv-perzeptiver Ansatz

Unser Humor wird unter dem Aspekt des Lustgewinns gesehen, nämlich der Lust daran, eine vertraute Sache oder Person in einem kognitiv völlig neuen Zusammenhang wahrzunehmen. Hierzu gehören auch die – auf die Philosophen Kant und Schopenhauer zurückzuführenden – Inkongruenztheorien. Sie gehen davon aus, dass Humor insbesondere durch die Verschmelzung von gegensätzlichen, widersprüchlichen (inkongruenten) Aspekten lebt. Der inkongruente Humor stellt also Dinge, Denkweisen und Situationen nebeneinander, die eigentlich nicht zusammenpassen. Der österreichische Schriftsteller Arthur Koestler nennt dieses Merkmal auch Bisoziation. So bezeichnet er – in Anlehnung an den Begriff *Assoziation* – den kreativen Verknüpfungsprozess von Worten, Bildern oder Vorstellungen aus unterschiedlichen begrifflichen Bezugssystemen. „Wenn zwei voneinander unabhängige Wahrnehmungs- oder Denksysteme aufeinandertreffen, ist das Resultat entweder ein geistiger Zusammenstoß, der im Lachen endet, oder eine Verschmelzung zu einer neuen geistigen Synthese."[46] Insofern setzt Humor die Fähigkeit voraus, sich über etwas zu freuen, das deplaziert ist und unseren Erwartungen nicht entspricht, und diese Unstimmigkeit zu genießen. Solche Ikongruenzen sind in vielen Bilder- und Sprachwitzen anzutreffen.

Sozial-verhaltenstheoretischer Ansatz

Dieser Ansatz wird auch als Überlegenheits- und Aggressionstheorie bezeichnet. Er geht davon aus, „... dass die Grundlage all dessen, was als komisch oder humorvoll empfunden wird, aggressiver Natur ist. Das Lachen, als ein Ausdruck von Humor, ist immer ein Lachen über jemanden oder findet auf Kosten der Schwäche eines anderen

---

[45] Frings 1996, S. 42

[46] Koestler 1966, S. 36

statt. Das heißt, das Lachen beinhaltet immer ein Überlegenheitsgefühl. Der Lustgewinn liegt in dem Gefühl des Triumphes über den Anderen und der damit verbundenen Selbstaufwertung."[47]

Für die Pädagogik ist dieser Humoransatz besonders interessant, denn hier geht es um soziale Verhaltensprozesse. Schließlich wollen wir Pädagogen durch Humor das Sozialverhalten der Lernenden positiv beeinflussen. Schon der griechische Philosoph Platon sah Humor als Ausdruck unserer Überlegenheitsgefühle an. Es resultiert aus dem Herabsetzen anderer Personen oder aus den eigenen Unzulänglichkeiten. Auch der französische Philosoph Henri Bergson (1859 – 1941) bemerkte, dass wir gerne über kleine Missgeschicke von anderen lachen. Die Herabsetzung anderer Menschen zugunsten unserer eigenen Überlegenheit ist zwar eine aggressive Art von Humor, aber sie hat durchaus therapeutische Wirkung, denn so stärken wir unser Selbstbewusstsein. So lächelt und lacht das Kind nach Ansicht von J. Levine auch aus dem wachsenden Gefühl heraus, seine Umgebung zu beherrschen. Später nutzen wir den Humor, um diese Kindheitsgefühle wiederzubeleben und damit unsere Kontrolle über diverse Situationen zurück zu erlangen.

Wir lachen also auch, um uns gegenüber unseren Mitmenschen als weniger dumm, hässlich oder schwach zu fühlen. Dabei räumen die Vertreter des sozial-verhaltenstheoretischen Ansatzes gerne ein, dass unser Humor meist aus Gefühlen der Sympathie und Empathie entspringt.

Nach Ansicht der Autoren O. Nevo, H. Aharonson und A. Klingman (1998) setzt sich unser humorvolles Erleben und Verhalten aus unterschiedlichen Komponenten zusammen. Als solche unterscheiden sie:

Motivationale Komponente

- positive Einstellung gegenüber dem Nutzen von Humor
- Bewusstsein über die Bedeutung von Humor

[47] Frings 1996, S. 41

Kognitive Komponente

- rasche Perspektivenwechsel vollführen
- Bereitschaft, sich Unsinn auszusetzen
- Repertoire an humorigen Inhalten (Witze, Geschichten, Sprüche)
- Kenntnis von angewandten Humortechniken

Emotionale Komponente

- emotionale Wechsel vollführen
- mit dem *inneren Kind* in Kontakt stehen
- äußere Realität für einen Moment vergessen
- Gefühle mit Hilfe von Humor ausdrücken
- über sich lachen und eigene Unzulänglichkeit akzeptieren
- Humor in Stress auslösenden Situationen einsetzen

Soziale Komponente

- Sensibilität für soziale Normen, Strukturen, Stereotypen und Situationen
- Humor in interpersonalen Situationen angemessen einsetzen

Verhaltenskomponente

- Humor produzieren und verstehen
- Tendenz zu lachen, zu lächeln und Humor zu genießen

Im Humor verbergen sich die unterschiedlichsten Facetten des Lebens und Erlebens. Humor ist so viel mehr als bloß ein Gegenspieler zum Ernst. Er ist nicht nur eine Flucht ins Lächerliche, sondern auch ein probates Bewältigungsmittel, das uns selbst und anderen eine positive Sicht auf das Leben schenkt.

Ein Geschenk, das uns im übrigen auch der nächste Verwandte des Lachens – nämlich der Witz – in wertvollen Augenblicken macht.

Der Witz

Am Ende ist alles ein Witz.
Charlie Chaplin

Die Tradition, dass Menschen sich Witze erzählen, ist sehr alt. Sie reicht bis in die Antike, als die älteste überlieferte Witzsammlung – die *philogelos* – von den Autoren Hierokles und Philagrios zusammengestellt wurde. Sie ist in griechischer Sprache verfasst, thematisch gegliedert und in ihr werden Geizhälse, Angeber und witzige Zeitgenossen humoristisch verspottet.

Das Wort *Witz* stammt ursprünglich aus dem Mittelhochdeutschen *Wizz* und meinte zunächst *Wissen*, später *Verstand, Klugheit*. Bis heute hat sich diese überlieferte Bedeutung in vielen Worten z. B. *gewitzt , Irrwitz, Wahnwitz, vorwitzig* erhalten. Übrigens, unter einem *Bold* verstand man früher einen stolzen, mutigen Menschen. Ein *Witzbold* war also bis vor 200 Jahren vom Wortursprung her nichts anderes als ein *Verstandesheld*! Erst später wandelte sich die Bedeutung in *Spaßmacher*.

Hi,hi,hi

Darüber lachen Kindergartenkinder

„Es ist zum Verzweifeln! Ich würde so gerne Ski fahren", klagt der Tausendfüßler dem Grashüpfer, „aber immer wenn ich die Ski endlich anhabe, ist der Winter schon vorbei!"

Nicht nur historisch gesehen zieht der Witz eine lange Spur nach sich, sondern auch im Verhaltensablauf: Zunächst muss er von unserem Verstand erfasst werden, unsere Gefühle berühren und dann die körperlichen Symptome bis hin zum Lachen auslösen. Der Witz schenkt uns das Lachen sozusagen als Erlösung von einer intellektuellen Spannung. Er mutet uns zu, das Unvereinbare, das Diskriminierende, das Unaussprechbare zu erkennen und darüber genussvoll zu lachen. Wenn wir einem Mitmenschen einen Witz erzählen, so stellen wir ihn unbewusst auf die Probe. Wir wollen wissen, ob er den Witz verstanden hat und mit uns darüber lachen kann. Auf diese Art ermitteln

Allen Ernstes! – Das sind die besten Witze der Welt!

Seit 2004 steht er fest: Der beste Witz der Welt! Er wurde in einem der größten sozialwissenschaftlichen Feldversuche – im sogenannten Laugh Lab (engl. Lachlabor) – ermittelt. An der University of Hertfordshire in Großbritannien gab Richard Wiseman den Anstoß für diese interessante Studie. Darin wurden 500.000 Menschen aus 70 Ländern aufgefordert, sowohl ihren Lieblingswitz ins Internet zu stellen als auch die Witze anderer Testpersonen zu bewerten. So wurden 40.000 Witzvorschläge unter die kulturübergreifende Lupe genommen, wobei dieser Witz den meisten Menschen am besten gefiel:

„Zwei Jäger gehen auf die Jagd und wandern durch den Wald. Plötzlich greift sich der eine an die Kehle und stürzt zu Boden. Der andere Jäger gerät in Panik und ruft den Notarzt an: ‚Ich glaube, mein Freund ist tot, was jetzt?' Der Arzt sagt: ‚Beruhigen Sie sich! Zunächst einmal müssen Sie sicher gehen, dass Ihr Freund wirklich tot ist.' Kurze Pause, dann ein Schuss. Dann kommt er wieder ans Telefon. ‚OK, erledigt, und was jetzt?'"

Ein weiterer Witz schnitt weltweit auch sehr gut ab:

„Superdetektiv Sherlock Holmes und sein Assistent Watson machen Zelt-Urlaub. Mitten in der Nacht weckt Holmes Watson auf und sagt: ‚Watson, schauen Sie in den Himmel, und sagen Sie mir, was Sie sehen!' Watson sagt: ‚Ich sehe Hunderte Sterne.' Holmes: ‚Und was schließen Sie daraus?' Watson antwortet: ‚Also naturwissenschaftlich gesehen heißt das, dass es unzählige Sonnen und Galaxien gibt. Die Sternenbilder sagen mir, dass der Saturn im Zeichen des Löwen steht. Auf der Uhr müsste es jetzt ungefähr Viertel nach drei sein. Und was das Wetter angeht: Wir werden einen schönen Tag haben, weil der Himmel klar ist ...' Darauf Holmes: ‚Watson, Sie Idiot! Jemand hat unser Zelt gestohlen!'"

wir auch unsere gemeinsame Verständnisebene und kulturelle Herkunft. Für den Lacherfolg wichtiger als die Pointe eines Witzes ist die Konstellation der Personen innerhalb der Gruppe. Wer ist der Witzerzähler? Ist er ein *Alphatier* also eine Führungspersönlichkeit? Ist er in der Lage, die Aufmerksamkeit der Personen im Raum auf sich zu ziehen, gegebenenfalls sogar das Interesse des anderen Geschlechts?

Aber wenn Sie, lieber Leser, bislang geglaubt haben, dass der Erfolg unserer Witze je nach Kultur und Bildung stark variiert, so lassen Sie sich im Folgenden eines Besseren belehren. Denn es scheint doch so etwas wie einen weltweiten gemeinsamen Nenner zu geben.

Unserem Unterbewusstsein tun Witze richtig gut! Denn in ihnen stoßen zwei völlig fremde Gedanken unvermutet aufeinander. Dieses Überschneiden von zwei paradoxen Ideensystemen bezeichnete der französische Philosoph Henri Bergson (1948) als eine Interferenz. So können wir in Witzen und allen Humorarten unsere verdrängten Gedanken, Gefühlen und Vorurteile auf eine ungefährliche Weise befreien. Denn lachend erleben wir das Verdrängte plötzlich als etwas Erlaubtes und Harmloses.

In seiner 1905 veröffentlichten Studie *Der Witz und seine Beziehung zum Unbewussten* [48], die als ein Schlüsselwerk der Psychoanalyse gilt, unterschied der österreichische Arzt und Tiefenpsychologe Sigmund Freud (1856 – 1939) zwei große Witzgruppen:

- Harmlose Witze, die sich mit der geistigen Entlastung durch kindliche Unlogik begnügen.
- Tendenziöse Witze, die verbotene und verdrängte Aspekte hervorholen. Dabei unterschied Freud vier Varianten: Obszöne Witze, aggressive Witze (z. B. politische Witze), zynische Witze (Attacke gegen unangefochtene Grundsätze), skeptische Witze (Zweifel an jeder Erkenntnis).

Die aktuelle psychoanalytische Forschung unterscheidet folgende Witzarten:

- Lustwitze: Hier lachen wir über verbotene, verdrängte, in unserer Erziehung unterdrückte Inhalte, z. B. Sexualität, Aggression, Rache, Diskriminierung.
- Angstwitze: Hier lachen wir über angstbesetzte Themen, z. B. Scheitern, Krankheit, Ekel, Tod. Der Witz macht uns zwar die verdrängte Angst bewusst, aber zugleich können wir sie ins Lächerliche ziehen.

---

[48] vgl. Freud 2001

Eine Studie des Humorforschers Paul E. McGhee (1996) untersuchte den Humor von Erwachsenen. Darin wurden verschiedenen Altersgruppen zwei Arten von Witzen vorgelegt, nämlich Nonsens-Witze und Witze mit Pointe. Dabei stellte sich heraus, dass über Nonsens-Witzen vor allem die Altersgruppen um das 15. Lebensjahr und um das 40. Lebensjahr lachten. Die 20- bis 30-Jährigen dagegen lachten am meisten über Witze mit feinen Pointen. McGhee beobachtete auch, dass die Vorliebe für Pointen-Witze mit dem Alter steigt und die für Nonsens-Witze sinkt.

Für uns Eltern und Pädagogen ist jedoch vor allem interessant zu wissen, was Kinder eigentlich unter einem Witz verstehen (→ Kap. 5). Beobachten wir Kinder im Vorschulalter, so können wir leicht feststellen, dass sie das Wort *Witz* noch als sehr allgemeinen Begriff anwenden. Denn fast alle Texte, die ihnen Anlass zum Lachen geben, bezeichnen Vorschulkinder als Witz. Im Kindergartenalter unterscheiden sie also noch nicht zwischen den Kategorien *Witz* und *Text*. Erst mit zunehmenden Alter entwickeln Kinder eine konkrete Vorstellung davon, was einen Witz ausmacht und wie er sich von anderen humoristische Textsorten unterscheidet.

Den dritten Verwandten in der großen Familie des Lachens, den Optimismus, stelle ich Ihnen, liebe Leser, im folgenden Kapitel vor.

Der Optimismus

Was nicht gut ist, hat einen Vorzug:
Es kann besser werden!
Erich Kästner

Zu Beginn des 18. Jahrhundert tauchte erstmals der Begriff *Optimismus* auf. Damals bezeichnete er noch keine persönliche Lebenseinstellung, sondern eine philosophische Lehre, die sogenannte *theodize* (altgriech. *theós* = Gott; *díke* = Gerechtigkeit). Sie geht zurück auf ein 1710 veröffentlichtes Werk[49] des deutschen Philosophen Gottfried Wilhelm Leibniz (1646 – 1716). Darin versuchte er nachzuweisen, dass unsere Welt „die beste aller möglichen Welten" sei und die Geschichte stets zum Guten fortschreite.

[49] Originaltitel: Essais de Théodicée sur la bonté de Dieu, la liberté de l'homme et l'origine du mal.

Aus der ursprünglich philosophischen Annahme, in der besten aller möglichen Welten zu leben, entwickelte sich später der Begriff *Optimismus* (lat. *optimum* = das Beste). Von nun an stand Optimismus für eine positive Welt- und Lebensbejahung, in der der Glaube an ein gutes Ende bestimmend ist. Ein Glaube, aus dem viele monotheistische Religionen ihre Kraft, ihre Hoffnung auf Erlösung und auf ein Leben nach dem Tod schöpfen. Im Zeitalter der Aufklärung trat anstelle dieses religiösen Glaubens der moderne, profane Fortschrittsglaube.

Augenzwinkernd

Im 21. Jahrhundert beherrscht eine weitere, profane Spielart des Optimismus unsere Welt: Die Spekulation auf steigende Kurse an der Börse! Wenn auch manchmal mit bösem Ende!

Welche Lebenskraft uns Optimismus zu geben vermag, dafür gibt es in der Literatur beeindruckende Beispiele. So beschreibt Jurek Becker in seinem weltberühmter Roman *Jakob der Lügner* (1982) den Alltag des Juden Jakob, der im Ghetto zum Lügner wird, um seinen Mitmenschen Hoffnung zu schenken. Sein geschickt gestreutes Gerücht von der baldigen Befreiung sorgt bei den deprimierten Ghettobewohnern für einen unbändigen, optimistischen Lebenswillen.

Vom Optimismus als Überlebensstrategie schreibt auch die jüdische Philosophin Hannah Arendt (1906 – 1975). Die Stimmung im südfranzösischen Frauen-Internierungslager Gurs[50] beschreibt sie auf beeindruckende Weise: „Im Lager Gurs hörte ich nur ein einziges Mal von Selbstmord, und zwar als Vorschlag für eine kollektive Aktion, was anscheinend eine Art Protesthandlung war, um die Franzosen in Verlegenheit zu bringen. Als einige von uns bemerkten, dass wir sowieso *pour crever* (um zu verrecken) hierher verfrachtet worden seien, da schlug die allgemeine Stimmung plötzlich um und ein leidenschaftlicher Lebensmut brach aus. Viele Überlebende von Gurs werden bezeugen, dass unter den Frauen im Lager ein geradezu trotziger Selbstbehauptungswille herrschte. An manchen Tagen schminkten sie sich sogar sehr aufwän-

---

[50] Das Lager Gurs war das größte der etwa 100 französischen Internierungslager. Seit 1940 war es ein reines Frauenlager mit zeitweise bis zu 20.000 Insassinnen.

dig, zogen ihre besten Kleider an und gingen auf dem matschigen Gelände spazieren wie auf einem Boulevard. Es galt allgemein die Auffassung, dass derjenige, der das ganze Unglück noch immer als persönliches Missgeschick anzusehen vermochte und dementsprechend seinem Leben persönlich und individuell ein Ende setzte, schon auf abnorme Weise asozial und an dem allgemeinen Ausgang der Dinge desinteressiert sein musste."[51]

Dass diese Überlebensstrategien in ausweglosen Krisenzeiten sinnvoll sind, gilt heute als wissenschaftlich belegt. Viele, langjährige Studien zeigen: Eine pessimistische Weltsicht verkürzt die Lebenszeit!

Allen Ernstes! – Optimisten leben gesünder!

Psychoneuro-Immunologen, die den Einfluss unserer Psyche auf das Immunsystem untersuchen, gehen inzwischen davon aus, dass Stress und persönliche Lebenskrisen unsere körpereigenen Abwehrkräfte schwächen. Manfred Schedlowski (1996), Professor an der Universität Essen, weiß, „... dass sowohl die Bewegung der Immunzellen im Körper als auch die Funktion dieser Immunzellen nachhaltig durch Nerven und durch das Hormonsystem und deren Botenstoffe beeinflusst werden. Und das ist der Weg, über den psychische Prozesse, wie beispielsweise Stress, Freude, Ärger, auch unser körpereigenes Abwehrsystem erreichen."

Seine Forschergruppe wendete dieses Wissen inzwischen auf Transplantations-Patienten an, die bislang starke Medikamente nehmen mussten, um die Immunabwehr des fremden Organs zu unterdrücken. Wenn sich dies jedoch auf psychologischem Weg verhindern ließe, wäre das ein großer Fortschritt. So begannen die ersten Studien, in denen gesunde Testpersonen ein Medikament einnahmen, das diese abwehrende Immunreaktion unterdrückt. Parallel dazu tranken sie aber auch einen pharmakologisch wirkungslosen Saft mit unangenehmem Geschmack. Schritt für Schritt

[51] vgl. Prinz 1998, S. 101

wurde innerhalb der Testreihe die Medikamentendosis reduziert, bis es nur noch den unangenehm schmeckenden Saft zu trinken gab. Es kam zu der gewünschten Konditionierung: Schließlich genügte nur noch der Saftgeschmack, um die Immunabwehr zu senken. Anschließende Blutuntersuchungen zeigten, dass das Blut auch ohne Einnahme von Medikamenten deutlich weniger Abwehrzellen (T-Lymphozyten) enthielt. „Aus den tierexperimentellen Untersuchungen wissen wir", so Manfred Schedlowski, „dass dieser Konditionierungseffekt über die Zeit relativ stabil zu sein scheint. Wir beobachten nach einem halben Jahr, nach einem dreiviertel Jahr noch konditionierte Effekte. Das ist ein Hinweis darauf, dass es auch beim Menschen anscheinend zu robusten Konditionierungseffekten kommen kann."
Dabei wendete das Forscherteam von Manfred Schedlowski ein vor ca. 100 Jahren erworbenes Wissen von Iwan Pawlow* (1849 – 1936) erfolgreich neu an. Auf die Frage, warum Pessimisten früher sterben, äußern Mediziner vage Vermutungen. Es könnte daran liegen, dass sich Optimisten besser ernähren, weniger Alkohol trinken und mehr Sport treiben. Und der nachweislich bessere Genesungsverlauf von Optimisten könnte damit zusammenhängen, dass sie sich öfter bei ihrem Arzt erkundigen, was sie selbst für ihre rasche Genesung tun können. Während Pessimisten eher dazu neigen angstvoll abzuwarten, was auf sie zukommt, schauen Optimisten zuversichtlich und planvoll in die Zukunft.

* Der russische Mediziner und Nobelpreisträger entdeckte das Prinzip der Klassischen Konditionierung. Wenn es Futter für seinen Hund gab, klingelte Pawlow jedesmal mit einer Glocke. Schließlich lief dem Hund schon nur beim Klingeln das Wasser im Mund zusammen.

Lange Zeit haben sich Psychologen bemüht, die Schattenseiten unserer Psyche (Depression, Aggression, Trauer) zu verstehen und zu lindern. Erst vor ca. 20 Jahren rückte der Optimismus in den Fokus der Wissenschaft. Die Psychologie begann sich zu fragen, warum manche Menschen gegen Depressionen immun zu sein scheinen und dies trotz schwieriger Lebensumstände. In diesem neuen Forschungsbereich der *Positiven Psychologie* hat sich insbesondere der amerikanische Psychologe Martin Seligman verdient gemacht. In zahlreichen Untersuchungen ging er der Frage nach, was Optimisten von Pessimisten unterscheidet. Dabei stellte er drei Erklärungsstile fest:

- **Dauerhaftigkeit:** Pessimisten halten die Ursachen für unangenehme Ereignisse, in die sie geraten, für dauerhaft und bleibend, Optimisten dagegen halten die Ursachen für zeitweilig und vorübergehend.
- **Geltungsbereich:** Pessimisten übertragen Fehlschläge, die sie in einem bestimmten Bereich hinnehmen müssen, ins Allgemeine, sie generalisieren, während Optimisten durch einen Fehlschlag in einem bestimmten Bereich andere Bereiche ihres Lebens unbeeinflusst sehen.
- **Personalisierung:** Pessimisten geben sich selbst die Schuld für Fehlschläge, unangenehme Ereignisse usw. und haben daher eher ein schwaches Selbstwertgefühl. Optimisten suchen die Gründe für Fehlschläge dagegen eher bei anderen Menschen oder den Umständen und haben ein starkes Selbstwertgefühl.

„Ein Jahrhundert lang waren ‚Eignung' und ‚Begabung' die Schlüsselwörter für akademischen Erfolg", so Martin Seligmann. „Ich aber bin zu der Überzeugung gelangt, dass der Begriff der Begabung ohne den Begriff des Optimismus sehr wenig Bedeutung hat."

Angesichts dieser erstaunlichen Ergebnisse aus der Medizin und Psychologie stellt sich uns Pädagogen und Eltern die Frage: Ist eine optimistische Lebenseinstellung erlernbar? Denn Menschen, die sich selbst als geborene Glückspilze sehen, sind nach Ansicht des Psychologen Richard Wiseman aufgrund ihres größeren Selbstbewusstseins und ihres ausgeprägteren Optimismus im Leben erfolgreicher als Pechvögel.

Heute ist Optimismus als Kunst der Selbstmotivation eine wichtige Schlüsselfunktion der emotionalen Intelligenz.[52] Schließlich geht die pädagogische Forschung davon aus, dass Kinder die Lebenseinstellung ihrer Eltern, vor allem ihrer Mutter, übernehmen. Dabei spielt die genetische Veranlagung nur eine sehr kleine Rolle wie Zwillings-Studien ergaben. Allerdings seien die Gene dafür verantwortlich – meint Martin Seligmann – dass die Menschheit recht hoffnungsfroh sei. Denn nur so habe sich eine Gattung entwickeln können, die im April Samen aussät in der Hoffnung, im Herbst zu ernten, und nicht vor lauter Hunger die Samen sofort zu essen.

---

[52] vgl. Goleman 1997

Hi,hi,hi

Darüber lachen Schulkinder

Der kleine Marco zu seinem Lehrer: „Ich habe gestern im Zoo einen Affen gesehen, der war genauso groß wie Sie, Herr Lehrer." – „Ach was", meint der Lehrer, „so einen großen Affen wie mich gibt es doch gar nicht!"

Wie wir an eine Sache oder Aufgabe herangehen, ob pessimistisch oder optimistisch, dies hat viel mit unserer *self-fullfilling prophecy* (Selbstwirksamkeitserwartung) zu tun.

Das heißt, je nachdem wie wir unsere eigene Kompetenz einschätzen – also ob unsere innere Stimme sagt: „Das schaffst du!" oder aber: „Das schaffst du nie!" – beeinflusst dies maßgeblich unseren Erfolg bzw. Misserfolg. Denn die gegenwärtige zuversichtliche Einstellung bietet uns die optimale Grundlage, um gegenwärtige und zukünftige Herausforderungen besser zu meistern. Wie unsere innere Sprache das Bewusstsein und unsere Taten beeinflusst, dies drückte der japanische Schriftsteller Haruki Murakami in einer Kurzgeschichte treffend aus: „Im Grunde sind Worte wie Elektroden, die mit dem Bewusstsein verbunden sind. Wenn man den gleichen Reiz immer wieder sendet, muss eine Reaktion darauf entstehen."

Das bedeutet für Eltern und Pädagogen: Stärkt im Kind wann immer es geht die Zuversicht, den Glauben an die eigenen Kräfte, gebt ihm Optimismus! Viel zu oft machen wir viel Aufhebens von den Fehlern und Unzulänglichkeiten eines Kindes. Ausführlich – und manchmal allzu genüsslich – erklären wir dem Kind, was es alles falsch gemacht hat und warum. Bei Lob sagen wir meist nur „gut!", aber wir geben uns nicht die Mühe, den Erfolg genauso detailliert zu kommentieren, wie wir es zuvor noch mit dem Missgeschick getan haben. Lassen Sie, liebe Leser, das Kind mal selbst erläutern, wie es den Erfolg erzielte. Sie werden sehen, es wächst dabei weit über sich hinaus!

In einer Kölner Tageszeitung las ich vor einiger Zeit diese Zeile im kölschen Dialekt: „Mirsinsowatvonfrohdatdudobies!" („Wir sind so froh, dass Du da bist!") Wer so optimistisch begrüßt wird, der kann in Zukunft auf eine kraftvolle, positive Familienbegleitung setzen!

Dabei geht es nicht um kuschelpädagogische Maßnahmen sondern – so lehrt es uns die Resilienztheorie (lat. *resiliere* = zurückspringen, abprallen) – um die lebenswichtige Bewältigungskompetenz, stark zu bleiben auch angesichts negativer Lebenseinflüsse.

Diese sogenannte Resilienz ist kein angeborenes Persönlichkeitsmerkmal sondern vielmehr eine Fähigkeit, die sich in der Kind-Umwelt-Interaktion entwickelt.[53] Dabei spielt die Art der vorgelebten Problemlösungsstrukturen eine wichtige Rolle, das heißt in der Erziehungskommunikation ist die Klarheit, die offene emotionale Äußerung und das gemeinsame Problemlösen maßgeblich.

In unserem Erwachsenenleben wird das optimistische Selbstmanagement immer bedeutsamer und hierfür möchte ich Ihnen, lieber Leser, fünf goldene Regeln[54] geben:

- **Es gibt keine schlimmen Ereignisse, es gibt nur schlimme Bewertungen!**
  Die Kunst besteht darin, jede Widrigkeit möglichst positiv für sich umzudeuten und eine konstruktive Einstellung zu finden. Denn wir sind unseren Emotionen nicht hilflos ausgeliefert, wir können sie steuern. Sie entstehen in unserem Innern und es liegt an uns, sie als Plage oder als Chance zu deuten. Anstatt pessimistischer Tunnelblick ist hier klarer Überblick gefragt.
- **Machen Sie aus einer Mücke keinen Elefanten!**
  Stellen Sie sich innerlich vor, Sie stehen auf einem Aussichtsturm. Nun erhalten Sie einen Überblick über Ihr Problem und somit auch Distanz. Kleinigkeiten verschwinden aus dem Fokus unserer Aufmerksamkeit und wir sehen das Große, das Ganze. Besuchen Sie häufiger Ihren inneren Aussichtspunkt und fragen Sie sich: Ist das was ich gerade mache, wirklich wichtig?
- **Konzentrieren Sie sich auf Ihre persönlichen Herzensanliegen!**
  Menschen, die genau wissen was sie wollen, können in den wesentlichen Augenblicken *Ja* oder *Nein* sagen und Wesentliches von Unwichtigem unterscheiden. Achten Sie auf die langfristige Entwicklung Ihres Potenzials durch persönliche und berufliche Weiterbildung, Pflege des Freundeskreises, der Familie … Denn hier liegen Ihre emotionalen Kraftressourcen.
- **Erst die Praxis gibt zuverlässige Entscheidungshilfe!**
  Erproben Sie Ihre Anliegen in der Praxis, probieren Sie ihre Fähigkeiten in verschiedensten Zusammenhängen aus. So kristallisieren sich allmählich unsere Lebensthemen heraus, jene Gebiete, die uns am Herzen liegen.

---

[53] vgl. Rutter 2001

[54] Hansch 2006, S. 72

- **Schaffen Sie sich eine reiche Innenwelt aus geistig-kulturellen Inhalten!**
  Während materielle Güter und das Anhäufen von Statussymbolen letztendlich in die deprimierende Lust-Frust-Spirale führen, lassen sich geistig-kulturelle Bedürfnisse nahezu unbegrenzt weiterentwickeln. Sie liefern eine stabile Basis für ein sinnvolles und glückliches Leben. Es geht auch um die Fähigkeit, allein und aus sich selbst heraus zufrieden leben zu können.

Dieser Tipp des deutschen Dichters Theodor Fontane (1819 – 1898) ist zwar witzig, kann aber auch teuer werden:

Ein Optimist ist ein Mensch, der ein Dutzend Austern bestellt,
in der Hoffnung, sie mit der Perle,
die er darin findet, bezahlen zu können.

Und falls Ihnen, lieber Leser, trotz aller Tipps doch mal die optimistische Lebenseinstellung abhanden kommen sollte, so lesen Sie bitte diese unglaubliche aber wahre Zeitungsmeldung:

Der 71-jährige Inder H. Rangawasmy kann's nicht lassen!
Er kandidierte bei 78 Wahlen im Laufe von 37 Jahren ohne Erfolg.
Und doch probiert er es voller Zuversicht erneut bei den diesjährigen Parlamentswahlen!

Und falls Ihnen ein Missgeschick passieren sollte,
so stärken Sie sich innerlich mit folgendem Spruch:

Wenn Dir ein Vogel auf die Schulter kackt,
dann sei froh,
dass Kühe nicht fliegen können!

Kapitel 5

Die Pädagogik des Lachens

Lachen und Lächeln sind Tore und Pforten,
durch die viel Gutes in den Menschen hineinhuschen kann.
Christian Morgenstern

Nicht nur Religionen haben so ihre Mühe mit dem Lachen, sondern alle Autoritäten, die auf die allgemeine Gültigkeit ihrer Macht und auf alte Tabus pochen. Auch Bildung und Wissenschaft sind nicht frei von Wichtigtuerei und Selbstgefälligkeit. Ihre Forderung, stets logisch und berechenbar zu sein, ist zum Teil nachvollziehbar, aber einer neuen humorvollen Perspektive sehr abträglich.

Wer kennt ihn nicht den Spruch: „Mit der Schule beginnt der Ernst des Lebens!" Vielleicht liegt in diesem Streben nach Ernsthaftigkeit das Geheimnis verborgen, warum sich bislang die Pädagogik nur am Rande mit dem Humor und seiner Bedeutung für Lernen und Erziehen befasste. Vielleicht hat sie zu lange darum kämpfen müssen, im erlauchten Kreis der Wissenschaften als eigenständige Erziehungswissenschaft ernst genommen zu werden. Jedenfalls drängt sich der Verdacht auf, dass ihr in diesem Kampf nach ernsthafter Anerkennung das Lachen verloren ging. Noch immer herrscht im deutschen Bildungswesen die weit verbreitete Meinung, dass Lachen und humorvolles Miteinander unseriös seien. Wer seine Arbeit humorvoll und lachend verrichtet, dem wird unterstellt, er nähme seine Aufgaben nicht ernst genug. In Deutschland scheint es uns im Vergleich zu den USA schwerer zu fallen, professionelles und effizientes Arbeiten mit Humor zu vereinen.

Dabei spricht nichts dagegen, Lernende humorvoll auf den Ernst des Lebens vorzubereiten. Ganz im Gegenteil, wissenschaftliche Studien zeigen, dass Humor und Lachen die Fähigkeit fördert, die eigenen Ressourcen zu erkennen. Nachweislich werden humorvolle und heitere Menschen von ihren Mitmenschen als sympathisch und kompetent wahrgenommen. Und das Wichtigste: Sie fühlen sich wohler! Ihre humorvolle Grundhaltung fördert nämlich die wunderbare Fähigkeit, über sich selbst lachen zu können. Sie erledigen ihre Arbeitsaufgaben schneller und kreativer als grantige Zeitgenossen. Humorvolle Menschen zeichnen sich durch großen Optimismus aus, aber sie gelten auch als unangepasster. Sie vertreten selbstbewusst ihre eigene Meinung, kennen sehr genau ihre Fähigkeiten, blicken optimistisch in die Zukunft und sind bestrebt, jedes Problem zum Besseren hin zu verändern. Das heißt: Vorgesetzte, die den Humor ihrer Mitarbeiter fördern, sorgen zugleich für mehr Selbstständigkeit und Kreativität, für offene und entspannte Kommunikation, für optimistische Problemlösungskompetenz

Darüber lachen Erwachsene

Zwei Bayern stehen an einer Wegekreuzung als ein Preuße ankommt. „Entschuldigen's – wie komm ich denn zum Dorf?" – keine Reaktion. Da versucht es der Herr auf Englisch: „Could you tell me the way to the village please?" – wieder keine Antwort. Als seine Frage auch auf Französisch unbeantwortet bleibt, geht er einfach weiter, wählt aber den falschen Weg. Nach kurzer Zeit unterhalten sich die beiden Bayern: „Also sprachbegabt war er schon, der Preiß." „Stimmt, aber was hat's ihm gebracht?"

und konstruktive Teamarbeit. Wer allerdings um seine Autorität und Macht fürchtet, wird Humor zu verhindern wissen.

Die Freude ist das positivste menschliche Gefühl und umso trauriger ist es, dass sie in der Pädagogik so wenig Beachtung findet. Dieses Manko stellte schon die Lehrerin und Psychologin Marianne Frostig (vgl. 1978) mit Bedauern fest. Auch die Psychologieprofessorin an der Universität Zürich, Verena Kast[55] vertritt diese Ansicht. Eigentlich müsste das Erwecken und Entwickeln der kindlichen Lebensfreude eine der wichtigsten pädagogischen Ziele sein. All die positiven Begleiterscheinungen des Humors auf die Persönlichkeitsentwicklung eines Menschen und seine Wirkung auf andere müsste uns Pädagogen frohlocken lassen! Denn schließlich gelten diese Begleiterscheinungen gleichermaßen für Kinder und Jugendliche. Auch ihnen hilft eine humorvolle Grundhaltung, um mit ihren Sorgen und Problemen besser umgehen zu können. Außerdem werden kleine Optimisten von allen gemocht, und die Lehrer trauen ihnen auch mehr zu. Das wiederum stärkt ihr Selbstvertrauen und ihre Leistungsfähigkeit.

Die multiplen Funktionen von Humor auf emotionaler, kognitiver und sozialer Ebene bieten Kindern die Chance, vielfältige Kompetenzen und Fähigkeiten zu entwickeln. Humor hilft ihnen, erste Sozialkontakte zu knüpfen, sich mit Regeln und Normen auseinanderzusetzen, Aggressionen abzubauen, ihre Sprache zu trainieren und einen sozialen Status in ihrer Peergruppe zu erwerben.

---

[55] vgl. Kast 1991

Nicht umsonst steht bei jedem Menschen das Lächeln am Anfang seiner Beziehungsfähigkeit. Es ist ein wichtiger Bestandteil unserer sozialen Geburt. Schließlich bildet das Lächeln – neben Weinen und Schreien – unsere erste Kommunikationsform, um eine Beziehung zu unseren Eltern aufzubauen. Daher bringen wir das Lächeln als genetische Ausstattung schon mit auf die Welt. Es ist unser Startkapital, das entwickelt und gepflegt werden will! Dazu trägt nicht nur der Reifeprozess des kindlichen Gehirns bei, sondern vor allem die im Laufe der Entwicklung gesammelten Erfahrungen mit Lachen, Humor und Komik. Denn Kinder sind nur so humorvoll wie wir es zulassen! Und obwohl Lachen ererbt ist, muss es auch gelernt werden!

In der Erziehung können wir unseren Humor am effektivsten einsetzen, wenn er mit der Stufe der kindlichen Entwicklung übereinstimmt. Aber wann können wir welchen Beitrag zur kindlichen Humorentwicklung leisten? Haben Babys überhaupt schon Sinn für Humor? Wie entwickelt sich das kindliche Lachen? Warum und worüber lachen Kinder? Lachen sie öfter als Erwachsene?

Antworten auf diese und noch viel mehr Fragen finden Sie, liebe Eltern und Pädagogen, in den folgenden Kapiteln.

Wie entwickelt sich das kindliche Lachen?

Die Frage, wer öfter lacht, ist rasch beantwortet: Im Durchschnitt lachen Kinder ca. 400 mal am Tag, zählt man ihr Kichern, Gröhlen und alle Ausdrucksformen des Fröhlichseins zusammen. Babys und Kleinkinder brauchen keinen Grund, um zu lachen, sie nutzen einfach jede sich bietende Situation. Wir Erwachsenen lachen jedoch nur ca. 15 mal am Tag.

Aber lange vor dem Lachen steht in unserer Entwicklung das Lächeln. Übrigens sind die Begriffe ‚Lächeln' und ‚Lachen' nicht nur im Deutschen etymologisch verwandt, sondern auch in der französischen Sprache: ‚sourire' (Lächeln) und ‚rire' (Lachen).

Das Lächeln ist eine angeborene Wunderwaffe, die im übrigen auch blinde Babys entwickeln. Es beginnt mit einem Wohlgefühl z. B. das Baby hat sich satt getrunken und schenkt seinem Gönner ein hinreißendes Lächeln. Nun folgt der spannende Augenblick, wo sich Gene und Umwelt verbünden: Erwidert der Gönner dieses Babylächeln, dann kann es sich weiter entwickeln. Und diese Entwicklung des Lächelns und Lachens ist so faszinierend wie kaum eine andere.

Von der Geburt bis 4 Monate

Lächeln ist für Babys zunächst nichts weiter als ein Ausdruck purer Unbeschwertheit. Erst wenige Wochen nach der Geburt benutzt das Baby sein Lächeln instinktiv zum emotionalen Austausch mit seiner engsten Bezugsperson. Damit signalisiert es: *Ich bin offen für Kontakt!* Es schlägt eine Brücke vom Ich zum Du. Sogar Fremde vermag sein Lächeln zu entwaffnen und ein kurzes Gefühl der Verbundenheit zu entlocken. Mit seinem Lächeln signalisiert es den Mitmenschen seine Sehnsucht nach sozialer Interaktion. „Obwohl das kindliche Lächeln anfänglich noch nicht an eine bestimmte Person adressiert ist, ist es für die Eltern ein Schlüsselreiz, auf den sie durch Wiederlächeln reagieren."[56]

Der österreichisch-amerikanische Psychoanalytiker und Wegbereiter der Säuglingsforschung René Spitz (1887 – 1974) stellte in Versuchen[57] fest, dass Säuglinge unter 20 Lebenstagen noch nicht auf ein lächelndes Gesicht reagieren. Nach dieser Zeit lächeln sie wahllos jeden Erwachsenen an, der nicht nur sein Profil, sondern das ganze Gesicht zeigt. Nur wer ihnen mit dieser Gesicht-zu-Gesicht-Stellung die volle Aufmerksamkeit gewährt, dem schenken sie ihr Lächeln.

Wer kennt ihn nicht den faszinierenden Augenblick, wenn ein lächelndes Baby selbst den hartgesottensten Zeitgenossen wie Eis in der Sonne schmilzen lässt? Der Moment, in dem das Baby das erste Mal lächelt, wird von allen Eltern sehnsüchtig erwartet. Dann ist es endlich so weit: Das Baby zieht seine Mundwinkel leicht zitternd nach oben und zeigt dem Glückspilz ein seliges, zahnloses Grinsen. Dieses Lächeln bezeichnen Fachleute als Vorlächeln und die Poeten unter uns als Engelslächeln.

---

[56] Lempp 1998, S. 5

[57] Grotjahn 1974, S. 61; Obwohl Spitz eine Maske trug, die er durch heftiges Nicken bewegte, reagierten 140 von 142 Kleinkindern mit einem Lächeln. Schlussfolgerung: Babys lächeln auch menschenähnliche Gestalten an und nicht nur ihre Mutter.

Augenzwinkernd

Leider sind hier keine seligen Engel am Werk, sondern nur die profanen Muskeln!

Das Engelslächeln geschieht so unbewusst wie das Strampeln der Babybeinchen oder das Zappeln seiner Ärmchen. Es ist entgegen aller Interpretationen der überglücklichen Eltern leider nur ein Reflex, der meist im Schlaf, wenn das Baby vollkommen entspannt ist, zu beobachten ist. Erst mit etwa acht Wochen lächelt das Baby gezielt die Personen in seiner Umgebung an, die es liebevoll versorgen. Es kennt die elterlichen Stimmen und kann zwischen ihnen und den Gesichtern einen Zusammenhang herstellen. Nun entsteht eine für seine Entwicklung lebensnotwendige Wechselwirkung, die in allen Kulturen zu beobachten ist: Ein Lächeln wiegt das Baby in Sicherheit und löst zugleich beim entzückten Betrachter Verantwortungsgefühl aus. Mit etwa zwölf Wochen hat es so viel Freude am Lächeln, dass es dieses auch Fremden schenkt, die es anstrahlen. Nun freut es sich über jede Kleinigkeit, es gluckst und kichert bei jedem kleinsten Spaß.

5 Monate bis 2 Jahre

Am Ende des vierten Monats lacht das Baby zum ersten Mal, und zwar laut heraus. Dieses Lachen entsteht erst einmal über Körperkontakt, z. B. wenn die Mutter das Baby liebevoll *knuddelt* und dabei lustige Geräusche macht. Auch Babys, die taub oder blind zur Welt kommen, beginnen dann zu lachen. Zwar unterscheidet sich das Klangmuster bei gehörlosen etwas von dem gesunder Babys, aber ihre humoristische Entwicklung verläuft gleich.

„Bis zum Alter von sechs Monaten gibt es unter normalen Umständen bis zu dreißigtausend solcher Lächelbegegnungen … Es sind dies keine Affektansteckungen sondern echte Dialoge … Mit jeder der dreißigtausend Lächelbegegnungen wächst ein Stück Wissen, dass das entstehende Selbst die Quelle der mütterlichen Freude ist. Das Kind weiß nun, dass es für die anderen ein Geschenk ist."[58] Es vermag nun mit seinem Lachen jeden Menschen zu verzaubern. Warum bloß? Die Wissenschaft erklärt dies mit

[58] Krause 2001

dem sogenannten Kindchenschema: Rundes Gesicht, große Augen, hohe Stirn, dicke Pausbacken, kleine Stupsnase und ein Lächeln auf den Lippen. Kaum schauen wir in ein solches Gesicht, schon nimmt uns das „Oh, wie süß!"-Glücksgefühl in seinen Bann.

Ab dem fünften Lebensmonat reagiert das Baby stark auf die Augen seines Betrachters. Kann es sie nicht mehr sehen, hört es auf zu lächeln. Nun sprechen die Fachleute in der Beziehung zwischen Kind und Bezugsperson von *Alternation* und *Ko-Aktion*. Bei der Alternation beobachtet das Baby die Bezugsperson und reagiert auf bestimmte Reize (Stimme, Mimik, Berührung) lachend. Bei der Ko-Aktion lachen beide Personen gleichzeitig und machen eine emotional stärkere Erfahrung als bei der Alternation.[59]

Ab dem sechsten Monat beginnt das Baby, Bekanntes und Fremdes zu unterscheiden, so dass es auf Fremdes ängstlich, aber z. B. auf seine Mutter mit einem strahlenden Lachen reagieren kann.

Erst mit einem Jahr kommt es zu Lachreaktionen auf komische Ereignisse, z. B. wenn der Vater aus Spaß die Zunge rausstreckt oder die Mutter am Schnuller saugt. Zwischen dem ersten und zweiten Lebensjahr können Kleinkinder noch nicht über sprachliche Witze lachen, vielmehr amüsieren sie sich über urkomische Dinge aus ihrer Umwelt.

Ab 2 bis 3 Jahre

Im Alter von etwa zwei Jahren entwickeln Kleinkinder Interesse an den witzigen Bestandteilen ihrer Umgebung. Sie finden es nun richtig komisch, wenn Dinge nicht zusammenpassen. So kann ein Bär, der eine Hose trägt, ein gröhlendes Gelächter auslösen, ebenso ein sprechendes Brot in einer Kindersendung. Ganz besondere Freude haben Zwei- bis Dreijährige daran, widersinnige Dinge zu tun, z. B. sich in einen Pappkarton zu setzen und eine Autofahrt zu simulieren oder mit einer Banane am Ohr zu telefonieren.

Aber in dieser Altersphase kann das Lachen auch ein Zeichen der Erleichterung sein, nachdem Spannung und Angst überwunden wurden.[60] Dies zeigt sich deutlich beim bekannten Kuckuck-Spiel: Der Erwachsene sieht das Kind und für einen kurzen Augenblick versteckt er sich ganz oder nur sein Gesicht hinter seinen Händen, um

---

[59] vgl. Vogel 1992

[60] vgl. Berger 1998

danach plötzlich wieder aufzutauchen. Ist dieser Augenblick kurz genug, so spürt das Kind zwar eine kleine Verunsicherung, aber die Freude über das plötzliche Wiederauftauchen der geliebten Person überwiegt. Nun lacht es laut als Reaktion auf diese überwundene Anspannung.

Bleibt der Erwachsene zu lange in seinem Versteck verborgen, so überwiegt die Angst des Kleinkindes, und anstelle des befreienden Lachens folgt ein herzzerreißendes Weinen. Dann hilft auch kein rasches Wiederkommen aus dem Versteck mehr, denn jetzt ist dieses Spiel für das Kind alles andere als komisch, es ist vielmehr bedrohlich ernst geworden.

Ab 3 bis etwa 6 Jahre

Nun ist die Zeit des Körperklamauks gekommen, die Zeit der kleinen Clownerien vom Grimassenziehen bis zum Popowackeln. In dieser Phase der Humorentwicklung gewinnt auch die Sprache zunehmend an Bedeutung. Denn nun beginnt das lustige Spiel mit der Welt der Worte und Bezeichnungen: Ein Hund wird ganz absichtlich Katze genannt, die Nase wird als Ohr bezeichnet und ein Löffel ist plötzlich eine Schaufel. Bitte lachen Sie, liebe Leser, ruhig mit und vermeiden Sie ständige Korrekturen, denn schließlich dauert diese Humorstufe bis zum Alter von ca. vier Jahren. Jetzt wo das Kind den Wortschatz seiner Muttersprache lernt, hat es großes Vergnügen daran, mit diesem frisch erworbenen Wissen zu experimentieren. Sobald es Worte beherrscht – das heißt, es erkennt den Zusammenhang zwischen ihrer phonetischen Sequenz und ihrer spezifischen Bedeutung – beginnt es mit ihnen zu spielen.

Ohne Sinnzusammenhang reiht es sie aneinander, nur um den Lusteffekt des Reimes zu erleben. „Es benützt nun das Spiel dazu, sich dem Drucke der kritischen Vernunft zu entziehen."[61] Es entwickelt, wie der Psychoanalytiker Sigmund Freud meint, eine „Lust am befreiten Unsinn". Daher ist in diesem Alter der Übergang vom Erfinden lustiger Geschichten zum Erzählen von Witzen fließend. Wenn ein Kind einen witzigen Beitrag in der Kindergartengruppe machen möchte, aber leider keinen Witz kennt, dann erzählt es einfach eine selbst erfundene Geschichte. Zu unserem großen Erstaunen enthalten diese Phantasie-Witze keine Pointe. Eine Erzieherin aus Bielefeld berichtete mir: „Auf meine Frage, ob jemand einen Witz erzählen kann, antwortete ein

---

[61] Freud 1992, S. 139 ff.

Mädchen (4,4 Jahre): *Klar! Da liegt eine Gabel auf dem Stuhl.*" Alle sieben anwesenden Kinder fanden das äußerst amüsant und übertrumpften sich mit weiteren *Spaßsätzen*. Und so kann tage- und wochenlang derselbe Witz oder dieselbe komische Geschichte im Kindergarten kursieren und zum Hundertsten Mal erzählt werden, ohne dass die Lachwirkung im Publikum nachließe. Dies wäre unter Erwachsenen undenkbar! Für Kindergartenkinder ist es also sehr wichtig zu erfahren, dass sie ein oder mehrere Kinder zum Lachen bringen können, denn das zeigt ihnen: *Der Andere hat Interesse an mir und an dem was ich sage und tue. Mein Ansehen in der Gruppe steigt, und ich bin beliebt.* Daher ist jetzt das gemeinsame Lachen wichtiger als das Lachen über ein gelungene Pointe.

In dieser Phase der kindlichen Humorentwicklung bildet sich auch allmählich das Gelächter der Geschlechter heraus. Jungen frotzeln und lachen lauter und direkter. Sie versuchen sich in ihren frechen Pointen zu überbieten. Die Mädchen kichern darüber und erzählen sich bunt ausgeschmückte Phantasiegeschichten mit lustigen Details. Dabei lachen sie – im Gegensatz zu den Jungen – auch über sich selbst. Hier kristallisiert sich bereits heraus, was Wissenschaftler so zusammenfassen: Männlicher Humor lebt von der Konkurrenz, weiblicher vom Wunsch, zu vereinen (→ Kap. 3). Erst zwischen sechs und sieben Jahren, also wenn Kinder bewusst schwindeln können, setzen sie ihr Lachen strategisch ein. Das heißt, nun lachen sie jemanden bewusst an, aber auch aus. Dieses Auslachen gibt ihnen ein Gefühl der Stärke und Überlegenheit.

Darüber lachen Kindergartenkinder

Sophie hantiert seit einer halben Stunde in der Küche herum. „Was machst du denn da nur so lange?", fragt ihre Mutter. „Mir sind die Eiswürfel ins kochende Wasser gefallen und ich kann sie einfach nicht mehr wieder finden!"

7 bis 10 Jahre

Nun stehen erneut Wortspiele im Mittelpunkt der kindlichen Humorentwicklung, jetzt sind sie jedoch etwas anspruchsvoller. Die Grundschulkinder verstehen nun komplexere sprachliche Kompositionen und Mehrdeutigkeiten. Sie haben Spaß an diverser

Wortkomik, unsinnigen Übertreibungen, Scherzfragen, witzigen Reimen und Zungenbrechern. Nun können sie Nichtübereinstimmendes, also Inkongruenzen, als spaßig entlarven und Paradoxien in einer witzigen Pointe genießen.

Etwa im siebten Lebensjahr fangen Kinder an, ihren individuellen Humor zu entwickeln. Er wird zwar im Laufe ihres Lebens noch variieren und sich markanter ausprägen, aber die Grundpfeiler des späteren Humors werden jetzt gesetzt. Der nun leicht individualisierte Humor spielt auch bei der Freundeswahl eine wesentliche Rolle. Kinder, die über gleiche Witze und Begebenheiten lachen, schließen besser Freundschaften.

11 bis 13 Jahre

In dieser Altersstufe werden Ironie und Satire bedeutsam. Jetzt dienen Wortspiele nicht mehr nur dem Selbstzweck, sondern vor allem dazu Autoritäten zu kritisieren. Besonders beliebt sind Witze über Lehrer, in denen die Jugendlichen sie belehren. So lassen sich angestaute Schulängste und Aggressionen humorvoll abbauen und schon kehrt das Gefühl der Überlegenheit zurück. Denn wer Fehler an Autoritätspersonen findet und sie albern darzustellen vermag, für den sind sie weniger bedrohlich.

Wer nun in der Klasse der Witzigste ist, der ist zugleich auch der Einflussreichste. Denn in den folgenden Jahren wird die soziale Funktion des Lachens in der Gruppe immer bedeutsamer. Jetzt zeigt das Lachen an, wer zu einer Gruppe gehört und wer nicht. Diese bindende und trennende Funktion des Lachens entwickelt sich bis zur Pubertät, also in einer Zeit, in der Gruppenbildungsprozesse im Mittelpunkt stehen. Cliquen nutzen nun Insider-Witze, um sich von den anderen abzugrenzen.

Oft nähern sich die Jugendlichen heiklen, ernsten Themen mit Humor, denn er hilft ihnen, ihre Verunsicherung zu überspielen und offen darüber zu sprechen.

Wenn das Gehirn des Pubertierenden allmählich alles kann, was es zum Abstrahieren braucht, so neigt sich seine Humorentwicklung dem Ende zu. Auf den Kindheitserfahrungen basierend, hat nun jeder seinen individuellen Sinn für Humor entwickelt, so persönlich wie einen Fingerabdruck. Auch wenn alle kindlichen Humorstufen im Jugendlichen verinnerlicht sind, so lacht nun der Jugendliche nicht mehr über alles. Jetzt ist sein Lachen gezielter, scharfsinniger und von Esprit begleitet.

Die Vielfalt unserer Humorentwicklung – vom Engelslächeln übers Powackeln bis hin zum Wortwitz – ist faszinierend. Unsere anerzogenen und erworbenen Standpunkte, unsere widersprüchlichen Lebenserfahrungen wirken prägend auf unsere Typentwicklung. Der Psychoanalytiker M. Grotjahn (1966) unterscheidet dabei den Schabernacktreiber, den Hänsler, den Nachäffer, den Clown, den Zyniker, den Witzbold, den Humoristen, den Optimisten und seinen Zwillingsbruder, den Pessimisten. Welcher Humorist wir werden, hängt maßgeblich von unseren Kindheitserfahrungen ab.

Warum und worüber lachen Kinder?

Obwohl Kinder viel und gerne lachen, ist die Frage, worüber sie lachen noch spärlich erforscht. Bislang haben sich zwei Forschungsansätze herauskristallisiert: Während der sozialpsychologische Ansatz untersucht, welche Bedeutung der Humor für die soziale und emotionale Entwicklung des Kindes hat, arbeitet der kognitionspsychologische Ansatz auf der Grundlage der geistigen Entwicklung des Kindes.

Die Frage, ob Kinder bereits Humor haben, verneinte der Psychoanalytiker Sigmund Freud. Er ging aus von einer „Stimmung der Kindheit, in der wir das Komische nicht kannten, des Witzes nicht fähig waren und den Humor nicht brauchten, um uns im Leben glücklich zu fühlen."[62] Als Erste widmete sich die Freud-Schülerin und amerikanische Kindertherapeutin Martha Wolfenstein in ihrem 1954 erschienenen Buch *Children's Humour* mit der Entwicklung des verbalen Humors bei Kindern. Darin vertritt sie den psychoanalytischen Standpunkt, dass es Aufgabe des Humors sei, den Kindern zu helfen mit Aggressionen, Ängsten und gesellschaftlichen Zwängen umzugehen und „a momentary release from frustration", also eine vorübergehende Frustrationsbefreiung zu erreichen.

Etwa 10 Jahre später erschien eine Arbeit des Psycholinguisten Helmut Helmers, die sich ebenfalls mit dem verbalen Humor von Kindern beschäftigt. Darin erläutert er, dass die spielerische Wortproduktion und das komische Sprachrepertoire der Kinder vor allem eine sozialisatorische Bedeutung haben. Der verbale Humor übernehme – so meint Helmers – die Funktion des Einübens von sprachlicher und sozialer Ordnung. Und wenn das Kind lacht, zeige es seine Erleichterung darüber, dass sich diese Ordnung als stabil erweise.

---

[62] Freud 1905, S. 193

Wenn Kinder sich gegenseitig zum Lachen bringen, so hat dies vielseitige Auswirkungen auf ihre soziale, emotionale Entwicklung: Sie lernen aufeinander zuzugehen, ihre Ängste abzubauen, Vertrauen zu anderen Menschen zu fassen, aggressionsfrei miteinander zu kommunizieren, kurzum sie lernen die sozialpsychologischen Grundlagen. Außerdem können sie die eigenen emotionalen Frustrationen humorvoll abbauen; z. B. wenn sie sich in der Sauberkeitserziehung über ihr *Pipi* lustig machen, so hilft ihnen der Humor, mit ihren Gefühlen der Peinlichkeit umzugehen.

Viele empirische Studien[63] widerlegen heute Freuds Ansicht, dass Kinder keinen Sinn für Humor haben. Kinder lachen besonders häufig, wenn sie spielen oder wenn sie ihre intellektuellen Fähigkeiten erfolgreich testen. Wer kennt es nicht, jenes strahlende Lächeln, wenn einem Kind nach langem Bemühen etwas allein gelingt. Der Humor des Kindes entsteht aus dem spielerischen Experimentieren mit neuem Wissen und ist somit Bestandteil seiner kognitiven Entwicklung. Kognitiv gesehen eröffnet Humor neue Perspektiven, regt die kreativen Potenziale an und lässt Altbekanntes in neuem Licht erstrahlen.

Der amerikanische Kognitionsforscher Paul McGhee geht davon aus, dass im Alter von ca. zwei Jahren eine intensive Entwicklung des kindlichen Humors einsetzt. Er hat sich wie kein anderer für diese Entwicklungsstufen interessiert. In seinem Buch *Humour and children's development* (1967) unterscheidet er vier Stufe, die eng an die intellektuelle Entwicklungstheorie des Schweizer Entwicklungspsychologen Jean Piaget (1948) angelehnt sind:

Erste Humorstufe (ab ca. eineinhalb Jahren)

- Nonverbale Verhaltensweisen, Sprache spielt noch keine Rolle
- Inkongruentes (widersprüchliches) Handeln im Umgang mit Personen, Tieren oder Objekten, z. B. der Bär mit Hose oder das tanzende Brot im Fernsehen
- Gegenstände werden behandelt, als wären sie andere, z. B. eine Banane dient als Telefonhörer

---

[63] McGhee 1979a/Kauke 1996/Berger 1998/Bönsch-Kauke 1999

Zweite Humorstufe (ab dem zweiten Lebensjahr)

- Inkongruentes Benennen (Fehlbenennungen) von Ereignissen, Objektnamen werden umgedeutet oder substituiert, z. B. der Löffel wird Schaufel genannt
- Sprachliche Normen werden missachtet
- Zunehmende kognitive Flexibilität

Dritte Humorstufe (ab drei bis sechs Lebensjahren)

- Konzeptionelles Denken beginnt: Das Kind versteht, dass sich ein Wort nicht nur auf ein Objekt beziehen kann, sondern auch auf eine ganze Kategorie von Objekten, die sowohl gemeinsame als auch unterschiedliche Merkmale aufweisen
- Erzählungen, die bekannte Konzepte auf den Kopf stellen, z. B. Lügengeschichten, lösen nun großes Gelächter aus
- Experimentieren mit formalen Sprachmerkmalen, z. B. einzelne Buchstaben verdrehen z. B. rinks – lechts
- Kreativer Umgang mit Sprache; Freude an Phantasiewörtern, Alliterationen (Stabreime) und Reimen

Vierte Humorstufe (ab dem siebten Lebensjahr)

- Vergleichbar mit Piagets Intelligenzstufe der konkreten Operation, d. h. das Kind kann eine logische Beziehung von Ereignissen herstellen, ohne sie konkret wahrgenommen zu haben
- Mehrdeutigkeit von Wörtern wird erkannt
- Unsinnwörter, Sprachspiele, Scherzfragen und Witze werden interessant
- Erster Schritt in Richtung des Erwachsenenhumors, da die sprachliche Mehrdeutigkeit erkannt wird und flexibles Denken möglich ist. Dies sind wichtige Voraussetzungen, um Wortschöpfungen und Witze zu verstehen

Auch wenn es zwischen den sozialpsychologischen und kognitionspsychologischen Forschungsansätze starke Unterschiede gibt, so betonen doch beide, dass die Humorentwicklung des Kindes ein wichtiger Faktor in der Sozialisation zum Erwachsenen ist.

Schritt für Schritt erwirbt es die Fähigkeiten, die ein Mensch braucht, um Humor verstehen und genießen zu können. Als solche nennt die Verhaltensbiologin Dr. G. Haug-Schnabel (2002) von der Universität Freiburg:

- Die geistige, soziale Entwicklung muss soweit fortgeschritten sein, dass das Humorvolle und Witzige als Abweichung von der Norm erkannt wird.
- Man sollte wissen, dass nicht alles Gesagte ernst gemeint ist und dass mitunter Worte nur zum Spaß ausgetauscht werden. Man muss heraus hören, was eigentlich mit dem Gesagten, z. B. der Pointe gemeint war.
- Innere Souveränität ist wichtig, man sollte über der Sache stehen und sich nicht persönlich betroffen fühlen.
- Um schließlich lachen zu können, muss man die realitätsverzerrte Perspektive des Witzes oder des humorvollen Geschehens genießen können. Erst dann wird Humor zum *Kitzeln des Geistes.*

Zahlreiche Medienanalysen[64] haben sich mit dem kindlichen Humorverständnis beschäftigt. Sie sind für uns Pädagogen sehr aufschlussreich. So fasst Dr. Maya Götz (2003), Leiterin des internationalen Zentralinstituts für das Jugend- und Bildungsfernsehen in München, die wissenschaftlichen Studien zusammen:

„Kinder lachen beim Fernsehen über verschiedenste Dinge und an unterschiedlichen Stellen ... Bei ModeratorInnen schätzen sie gute Laune, lustige Aktionen und Wortspiele. Probleme haben Kinder potenziell mit Ironie, die Jüngeren (unter 5 Jahre) können sie noch nicht verstehen, die älteren Kinder finden sie eher nicht lustig. Die Jüngeren schätzen Slapstick, Klamauk und Action und genießen es, wenn kleine Helden sich frech durchsetzen. Ältere Kinder und Pre-Teens amüsieren sich über Anti-Helden und Komik, die durch intertextuelle Bezüge hergestellt wird oder in einer pfiffigen Handlungsentwicklung entsteht. ... Knüpft eine Komikstruktur nicht an den

---

64 – Der Blickwechsel e.V., ein Verein für Medien- und Kulturpädagogik (Leitung: Dr. N. Neuss) in Heidelberg, führt Untersuchungen zum Humorverständnis von Grundschulkindern durch.
– Die Hochschule für Film und Fernsehen in Potsdam/Babelsberg (Leitung: Prof. L. Mikos, Dr. E. Prommer) untersucht Comedy-Sendungen für Kinder.
– Die Universität Kassel (Leitung: Prof. B. Bachmair) führt – anhand der Bestandsaufnahme zum Kinderfernsehen 2002 und der derzeit typischen Formen des Humors im Kinderprogramm – eine qualitative Medienanalyse durch.

Bezugsrahmen von Kindern an oder verfehlt sie deren Humorempfinden, ist sie für Kinder nicht witzig."[65]

Desweiteren konnte Götz aufzeigen, wie sehr auch spontanes Lachen von der Gruppendynamik gesteuert wird. „Häufig ist zu beobachten, wie Kinder vor oder nach dem Lacher zur Seite sehen, vermutlich, um sich der Einschätzung ihrer Nachbarn zu vergewissern oder in Kommunikation zu treten. Es zeigt sich aber auch die Variante, dass Kinder zunächst nicht lachen und erst, nachdem andere Kinder (meist Nachbarn) lachen, mit einsetzen."[66]

Abschließend habe ich Ihnen, lieber Leser, die Zutaten für einen gelungenen kindlichen Humor zusammengefasst:

Hinzufügung: Scheinbar unpassende Elemente werden Vorgängen hinzugefügt. So entstehen neue Sinnzusammenhänge, z. B. das Kind drückt zwei Bananen aneinander und ruft: „Schaut mal, die küssen sich!"

Missgeschick: Das Lachen über kleine Missgeschicke, die Menschen oder Tieren passieren, wirkt befreiend nach dem Motto: „Wie gut, dass dies auch anderen passiert!" So kann das Kind immer wieder von der Taube erzählen, die auf den Gartentisch gemacht hat und einfach weggeflogen ist.

Variation: Immer wieder neue Varianten werden durchgespielt – gerade unter Kindern extrem beliebt, z. B. Veralberung der Vornamen: „Christian-Schludrian", oder witzige Wortdreher wie: „Da liegt ein Fussel, du Dussel!"

Vergleich: Es geht darum, einen witzigen, absurden Vergleich zu machen, z. B. beim Drücken auf die Senftube zu sagen: „Jetzt hat sie gepupst!"

Verkleinerung: Auch die Verniedlichung oder Bagatellisierung wirkt witzig. Dreijährige lachen gerne über neue lustige Wörter, z. B. ein Mäuserich, der Mausezähnchen heißt.

Verstecken: Zweijährige genießen es, sich zu verstecken und von den Erwachsene mit gespielter Verzweiflung gesucht zu werden: „Wo ist der Christian, ja wo ist er denn, ja er wird doch wohl nicht nach Hause gegangen sein?"

Übertreibung: Ein Verhalten wird gerne übertrieben, z. B. kitzelt man Omas Nase immer wieder mit einem Grashalm, damit sie ganz oft lauthals „hatschi" ruft. Auch können

---

[65] Götz, S. 52

[66] Götz, S. 46

Stimme, Mimik oder Bedeutungen übertrieben werden, z. B. Mutters Warnung „Oh, warte, ich komm gleich und fresse dich mit Haut und Haaren!"

Zerlegung: Der originelle Effekt entsteht durch Zerlegung und Neugliederung, z. B. „Du kleiner, stinkender Matzda!" (Mischung aus Hosen-Matz und Automarke)

Mit Humor erzieht es sich leichter!

Man nehme ernst nur das, was froh macht,
das Ernste aber niemals tragisch!
Heinz Erhardt

Viele Eltern und Pädagogen glauben, dass sie sich nur mit Strenge und Ernsthaftigkeit beim Kind Respekt verschaffen und ihre Erziehungsziele erreichen können. Dieser Weg ist aber nicht der einzige und schon gar nicht der erfolgversprechendste. Denn es geht auch leichter und zwar mit einer großen Portion Humor und einer Hand voll gutem Willen. Im Erziehungsalltag können ein wenig Gelassenheit und Humor wahre Wunder vollbringen!

So vermag ein humorvoller Blick den Weg aus einer angespannten Gereiztheit zu weisen und ganz nebenbei werden wir mit lachenden Kinderaugen belohnt. Ein Lächeln, ein Augenzwinkern und eine witzige Bemerkung relativieren die Erziehungsfronten, und schon nehmen wir die Dinge nicht ernster, als es ihnen zusteht. Wenn Kinder eine humorvolle Atmosphäre in der Familie erleben, so lernen sie zugleich voller Zuversicht und Optimismus in die Welt zu ziehen und den Menschen mit Herzlichkeit und Nachsicht zu begegnen. Und je eher ein Kind die positiven Wirkungen des Humors entdeckt, umso leichter wird ihm das Erwachsenenleben mit all seinen ernsten Anforderungen fallen. Denn Humor hilft Stress zu bewältigen, fördert kreatives und innovatives Denken und weist einen optimistischen Weg aus Konflikten und Krisen heraus. Kinder, die viel zu lachen haben, bauen ihre Aggressionen besser ab und davon profitiert schließlich die ganze Familie! Eine humorvolle Grundeinstellung fördert desweiteren die Frustrationstoleranz des Kindes und steigert seine soziale Kompetenz. Außerdem ist ein fröhliches Kind ausgeglichener und bei seinen Mitmenschen viel beliebter als ein Miesepeter.

Darüber lachen Schulkinder

Opa: „Na, wie gefällt es dir in der Schule?" Mischa: „Eigentlich recht gut, aber irgendwie schade, dass unser Lehrer wenig weiß. Andauernd stellt er Fragen!"

Aber diese humorvolle Grundeinstellung fällt nicht vom Himmel! Wie so oft in der Erziehung ist auch hier unsere positive Vorbildfunktion gefragt. Denn Kinder reagieren sehr sensibel auf die Reaktionen der Erwachsenen. Wenn wir den Albernheiten und ersten Witzen des Kindes keine ermunternde Aufmerksamkeit schenken oder sie gar als sinnlose Zeitverschwendung verpönen, dann dürfen wir uns nicht wundern, wenn das zarte Humorpflänzchen verkümmert.

Eine Studie aus dem Kindergartenbereich[67] zeigt auf, dass „viele Erzieherinnen bei einer humorvollen Reaktion von Kindern allzu unbeteiligt und gleichgültig reagieren". Hier wäre mehr positive Verstärkung durch die Pädagogen wünschenswert. Aber zweifellos gibt es viele Kindertagesstätten, in denen das Lachen und der Humor eine wichtige Rolle spielen. So berichteten mir in einem Gespräch Erzieherinnen aus Bielefeld: „Das Lachen ist ein ausdrucksstarkes Kommunikationsmittel, das positive Aufmerksamkeit in der Gruppe auf sich zieht. Insgesamt ist Lachen befreiend, mitreißend und ansteckend. Eine gute Mischung von Ernsthaftigkeit und herzhaftem Lachen bildet die Grundlage unserer Arbeit."

Ja sicher, lieber Leser, Sie können nicht jederzeit alle kindlichen Späße aufmerksam beklatschen. Aber mit einem kleinen Augenzwinkern oder einem liebevollen Schmunzeln signalisieren Sie dem Kind: *Alles ist in Ordnung und du kannst dich wohl fühlen.* Mit versteinerter Miene, gekräuselter Denkerstirn und genervten Blicken jedoch verunsichern Sie das Kind.

Hier zwei klassische Fallbeispiele aus dem Erziehungsalltag, die aufzeigen, wie Sie mit humorvoller Überlegenheit reagieren können:

Fall 1: Ihr Kind flitzt voller Übermut und Faxen machend durch den Supermarkt und reißt dabei mehrere Gegenstände um.

---

[67] vgl. Saar 1992

Nun gibt es zwei Möglichkeiten zu reagieren: Entweder Sie unterstellen Ihrem Kind böswilligen Übermut oder Sie akzeptieren dies als ein Missgeschick, das aus ungebändigter Lebenslust entstanden ist. Eine humorvolle Reaktion entzieht dem kleinen Vorfall den großen Ernst und bringt Ihr Kind und Sie auf eine andere Kommunikationsebene. So kann ein gemeinsames herzhaftes Lachen helfen, einigen Missgeschicken oder Problemen die scheinbare Schwere zu nehmen und einen relativierenden Blick auf das Positive zu wenden.

Fall 2: Ihr Kind bringt eines Tages eine schlechte Schulnote nach Hause.

Nun können Sie innerlich schmunzelnd bedenken, dass zu manch guter Schullaufbahn auch schlechte Noten gehören, und dass sie noch lange nicht den Untergang der Welt bedeuten. Ständiges Meckern würde nicht helfen und dazu wenig motivierend sein. Ein freundliches sachliches Gespräch, in dem beide nach Lösungen suchen, gibt Ihrem Kind Zuversicht und es spürt, dass es für Sie weitaus mehr ist als nur ein Schüler.

Entscheidend für einen humorvollen Erziehungsstil ist unsere positive Einstellung zu Fehlern. Kein Mensch ist fehlerfrei! Entscheidend ist nur, dass wir aus Fehlern lernen und dies am besten mit einer liebevollen Nachsicht und einem humorvollen Augenzwinkern. Bitte vermeiden Sie, ein Kind lachend oder grinsend auf seine Fehler aufmerksam zu machen, denn es spürt Ihre Verachtung und fühlt sich bloßgestellt. Besser ist es, gemeinsam über den Fehler zu lachen. Aber lachen Sie niemals über den Menschen, der ihn begangen hat!

Falls Sie, lieber Leser, doch der Hang zur Ernsthaftigkeit plagt, so liefere ich Ihnen gerne noch einen handfesten Vorteil der humorvollen Erziehung: Wann und wie Kinder humorvoll sind, dies gibt uns wichtige Einblicke in ihren Entwicklungsprozess. Denn an ihrem Humor können wir sowohl ihre Stärken und Schwächen erkennen als auch ihre emotionalen, kognitiven, sozialen und sprachlichen Kompetenzen. Insofern ist Humor eine wichtige personale Ressource für die Entwicklung von Kindern und Jugendlichen.

Aber bei aller ehrgeiziger Betrachtung des Humors vergessen Sie nicht, lieber Leser, auch mal über sich selbst zu lachen. Als vor ca. zwei Jahren mein inzwischen 18jähriger Sohn mitten in der Pubertät stand, lag ich – als tagsüber recht verzweifelte Mutter – dann abends doch schmunzelnd im Bett, und ließ den Tag mit allen schwierigen Wortgefechten in Gedanken an mir vorüber ziehen. Das Schmunzeln galt dabei weniger meinem Sohn als vielmehr mir und meinen Reaktionen. Ich hätte doch als Erziehungswissenschaftlerin und Referentin (u.a. zum Thema Pubertät!) viel öfter gelassener reagieren müssen. Aber oft ertappte ich mich dabei, wie mir in einem Streitgespräch mit meinem Sohn der Humor abhanden kam und ich noch am selben Abend in einem Elternvortrag über die Vorzüge des Humors in der Pubertät referierte!

Da bleibt mir jetzt nur, den wunderbaren Humoristen Heinz Erhardt zu zitieren: „Wer sich selbst auf den Arm nimmt, erspart anderen die Arbeit."

Bedenkt man, dass Kinder von Natur aus Meister des Frohsinns sind, dann wird deutlich, dass nur eine humorvolle Erziehung der Schlüssel für den positiven Zugang zum Kind sein kann. Diesen Schlüssel hat im übrigen ein großartiger Pädagoge schon sehr früh gefunden:

Allen Ernstes! – Es gibt sie schon lange: „Die Fröhliche Pädagogik"!

Aus großer Wertschätzung des Kindes heraus entwickelte der Arzt und Pädagoge Janusz Korczak (1878 – 1942/ Geburtsname: Henryk Goldszmit) seine „Fröhliche Pädagogik".[68] Damit rückte er einen – bislang von der Pädagogik sehr vernachlässigten – Aspekt in den Vordergrund: Die Kraft des Humors in der Bewältigung alltäglicher, schwieriger Erziehungsaufgaben. Die Schwierigkeiten des Erziehungsalltags entschärfte er mit Humor. Er erkannte, dass der humorvolle Umgang mit persönlichen Problemen oder Eigenschaften der Kinder eine wirkungsvolle Erziehungsstrategie ist. So entwickelte er zum Beispiel ein Punktesystem für Schlägereien. Jedes Kind besaß ein individuelles Punktekonto, das nicht überzogen werden durfte: „Du hast riesengroße Lust, loszuschlagen, aber – du schiebst es auf (denn du zählst ja mit und willst dein Konto nicht überziehen). Und diese nicht wahrgenommene Schlägerei legst du, verzeih den Vergleich,

[68] Die Fröhliche Pädagogik entstand im Rahmen von Korczaks Radioarbeit im Mai 1930. In 14 Episoden faszinierte er eine große Hörerschaft des Polnischen Radios. Darin schilderte er Alltagssituationen von Kindern und Erziehern, die er mit viel Humor und Phantasie meisterte.

auf die Postsparkasse, du sparst sie dir zusammen wie ein Rentner – für spätere Zeiten. Du denkst: Es ist besser, sich einmal richtig zu schlagen als dreimal nur eben so. Du klimperst mit diesen gesparten Schlägereien wie mit Goldmünzen der Überlegenheit und Selbstbeherrschung."

Das Leben dieses großen Pädagogen endete sehr traurig und mit einer heldenhaften Liebe zum Kind. Obwohl er die Möglichkeit hatte, zu fliehen, ging er gemeinsam mit den ihm anvertrauten Kindern ins Warschauer Ghetto und schließlich 1942 in die Gaskammern nach Treblinka. Noch vor dem Einsteigen in die Waggons des Todeszugs nahm er den Kindern ihre Angst und schenkte ihnen die Freude: Er sagte den Kindern, sie würden gemeinsam einen Ausflug machen!

Für Janusz Korczak eröffnete ein humorvoller Umgang mit Kindern neue Wege und als solche nannte er:

- Es bildet sich leichter eine Atmosphäre gegenseitigen Wohlwollens und gegenseitiger Verständigung.
- Eine professionell notwendige Distanz zum Kind und zu sich selbst wird spielerisch ermöglicht. Dies kann besonders in kritischen Konfliktsituationen sehr hilfreich sein, denn der Erzieher kann seine Reaktionen verfremdend gestalten, wodurch er nicht impulsiv und direkt reagieren muss; kleine Störungen können auf unerwartete Weise ausgetragen oder zumindest angesprochen werden.
- Überraschtsein bedeutet ein *Aus-dem-Gleichgewicht-bringen* und bildet damit eine Grundlage für mögliche Einstellungsänderungen. Die Hinwendung zu solchen Überraschungsmomenten kann die Grundlage bilden für ein Durchbrechen des Teufelskreises, der in der *sich selbst erfüllenden Prophezeiung* besteht.
- Eine humorvolle Grundhaltung versetzt den Erzieher am ehesten in die Lage, angespannte oder ambivalente Situationen geduldig und mit einer gewissen Gelassenheit ertragen zu können und sich dennoch – ohne ein überforderndes Bild vom Erzieher oder vom Kind – für die Humanisierung der Verhältnisse einzusetzen.[69]

---

[69] Korczak 1999, S. 555

Auch der italienische katholische Priester Giovanni Melcchiorre Bosco (1815–1888; kurz *Don Bosco* genannt) und Gründer des Ordens der Salesianer Don Boscos setzte sich für eine freudige Erziehung von armen und benachteiligten Jugendlichen ein. So trat er z.B. als Seiltänzer auf, um Kinder fröhlich zu stimmen. Und sein geflügeltes Wort lautete:

Fröhlich sein, Gutes tun
und die Spatzen pfeifen lassen!

Vielleicht haben Sie sich, liebe Leser, schon öfter die Frage gestellt, ob fröhlich sein und Humor überhaupt erlernbar sind und wenn ja, was Sie dafür tun können? Im nächsten Kapitel finden Sie die Antwort und wertvolle Tipps.

Kann Humor erlernt werden?

Herr, schenke mir Sinn für Humor,
gib mir die Gnade, einen Scherz zu verstehen,
damit ich ein wenig Glück kenne im Leben
und anderen davon mitteile.
Thomas Morus

Unseren Sinn für Humor entwickeln wir von Kindesbeinen auf in der Familie, wobei unsere Familienangehörigen uns ein Komikverständnis vorleben. Denn ihre Gefühle prägen uns im gleichen Maße wie ihre Gene!

Wie eine Studie des Max-Planck-Instituts für Kognitions- und Neurowissenschaften in Leipzig zeigt, wird schon ein drei Monate altes Baby von der Mimik seiner Eltern beeinflusst, auch wenn diese ihr Kind nicht direkt anschauen. „Früher dachte man, Babys könnten erst gegen Ende ihres ersten Lebensjahres Gesichtsausdrücke der Eltern in Bezug auf andere Dinge in ihrer Umgebung wahrnehmen."[70] Heute wissen wir: Je nachdem, ob der Erwachsene auf einen Gegenstand erschrocken oder neutral schaut, reagiert auch der Säugling entsprechend mit mehr oder weniger Aufmerksamkeit. „Das

[70] vgl. Hoehl 2008

heißt, mit drei Monaten haben sie schon den Gesichtsausdruck der Eltern als Warnsignal wahrgenommen."[71]

Auch die aufwändigste Langzeitstudie aller Zeiten, in der die britische Rundfunkanstalt BBC 25 Babys (geboren im Milleniumsjahr 2000) aus allen sozialen Schichten zwanzig Jahre lang in allen wichtigen Lebensstadien filmt, kommt in der 5. Sendefolge, „Das emotionale Gedächtnis", zu folgendem Ergebnis: Ein dreijähriges Kleinkind lernt pro Tag zwei völlig neue Verhaltensweisen. Da es bereits über ein ausgeprägtes Erinnerungsvermögen verfügt, ist es von entscheidender Bedeutung, wie und welche Gefühlsäußerungen die Eltern zeigen.

Zweifellos bietet also ein fröhliches Zuhause die Grundlage für die positive Lebenseinstellung von Kindern. Helfen ihnen Eltern und Pädagogen mit Humor und Liebe aus Krisen herauszufinden, so erziehen sie sie zu fröhlichen und selbstbewussten Persönlichkeiten.

Humor ist also nicht, wie viele Pädagogen glauben, eine Eigenschaft, die man entweder von Geburt an mitbringt oder nicht. So meint der international bekannte Schweizer Pantomime und Clown Dimitri: „Ich glaube, jeder kann den Humor lernen, ihn zu einer Lebenshaltung werden zu lassen. Für mich ist er sogar noch mehr: er ist eine Philosophie – eine Philosophie des Lachens."[72] Für Dimitri ist demnach Humor kein angeborenes Talent, sondern eine erlernbare Fähigkeit, die es bewusst und ernsthaft zu fördern gilt.

Da sich jedoch eine humorvolle Erziehung nicht auf Knopfdruck einstellt, möchte ich Ihnen, lieber Leser, ein paar Tipps geben:

- Fassen Sie humorvolle Bemerkungen oder kleine Frechheiten nicht sofort als Angriff auf Ihre Person und Ihre Autorität auf.
- Mit einer heiteren Aussprache erreichen Sie erfahrungsgemäß mehr als mit hartem Befehlston. Ein herzliches Lächeln bringt so manches Eis zum Schmelzen und hilft scheinbar unüberwindliche Widerstände zu relativieren. So können Sie auch Gebote und Verbote einfacher durchsetzen.

---

[71] ebd.

[72] vgl. Lanfranchi 1997, S.22

- Und gibt's mal Schwierigkeiten oder Streit, so wirkt Humor befreiend. Eine witzige Bemerkung von Ihnen reicht oftmals, um die Situation und die Streithähne zu entspannen. Die kurze Erheiterung bringt rasch einen Perspektivenwechsel.
- Bei scheinbar peinlichen Tabuthemen, z.B. aus dem Kacka- und Pipi-Wortschatz, hilft Ihr aufgebrachtes Schimpfen wenig (*Das Wort will ich hier nicht mehr hören!*). Ein weises Schmunzeln nach dem Motto: *Auch diese Phase geht vorbei!*, ist hier erfolgversprechender und weniger nervenaufreibend.
- Mit einer humorvollen Perspektive finden Sie leichter neue, ungewöhnliche Lösungswege als mit verkrampfter Ernsthaftigkeit.
- Keine Sorge, wenn Sie humorvoll auf alltägliche Situationen und Normverletzungen reagieren, bedeutet dies noch lange nicht, dass sich das Kind bei Ihnen alles erlauben darf. Sie werden rasch die Erfahrung machen, dass Sie Regeln und Grenzen nicht mit übertriebener Strenge durchsetzen können, sondern vielmehr in der Rolle der gelassenen, humorvollen Autoritätsperson.
- Eine humorvolle Erziehung steht auf diesen Grundpfeilern: Vertrauen, Güte, Mitgefühl und Wertschätzung. Schon ein hintergründiges Augenzwinkern und ein verstohlenes Lächeln stärken Ihre Verbundenheit zum Kind und geben ihm Zuversicht.
- Schärfen Sie Ihren Sinn für das Wesentliche; lernen Sie auch Kleinigkeiten wertzuschätzen, den Augenblick zu genießen und über Neues zu staunen. So erhalten Sie Ihre Freude und können die des Kindes stärken. Richten Sie Ihren Blick auf das Unbeschwerte und Komische.
- Erleben Sie, wie wertvoll ein freudiges Miteinander ist. Spielen, Necken, Kitzeln, Lachen und Lachkrämpfe lockern die ganze Familie auf und untermauern ihren Zusammenhalt.
- Spielen Sie viel mit dem Kind, denn im Spielgeschehen werden Erwachsene oft von der gleichen kindlichen Freude angesteckt. Beim gegenseitigen Necken lernt ein Kind, Spaß zu verstehen und nicht jedes Wort ernst zu nehmen, nicht sofort gekränkt zu sein, sondern einfach nur zu lachen.
- Betrachten Sie, liebe Eltern und Pädagogen, das Leben nicht nur durch eine ernste Brille. Denn so schaden Sie nicht nur den anderen, sondern vor allem sich selbst!
- Gehen Sie mit humorvollem Beispiel voran: Sie lassen sich gerne mal kitzeln, mit Ihnen kann man sich *biegen vor Lachen*, Sie schätzen komische Situationen, erzählen gerne Witze und erfinden lustige Lügenmärchen.

- Vermeiden Sie bei Kindern jegliche Form von Ironie oder Sarkasmus. Denn sie können noch nicht damit nicht umgehen.
- Wo gelacht wird, lernt man leichter. Meist geht es nämlich nur um eines: Lockerlassen! Und auch dem Kind Druck von der Seele nehmen.
- Vergessen Sie nicht: Lachen ist ansteckend! Wenn Sie nicht lachen, wie soll es dann das Kind lernen?

Darüber lachen Erwachsene

Der nur noch wenig behaarte Mann fragt seinen Frisör eitel: „Können Sie mir die Haare etwas locken?" Der Friseur antwortet: „Locken kann ich sie schon, mein Herr, aber ich kann nicht garantieren, dass sie auch kommen!"

„Eltern sollten erkennen, dass jeder Witz in seiner Art eine Denkleistung ist. Humor kann ohne Intelligenz gar nicht gelingen ... Die beste Grundstimmung, die Eltern mitgeben können, ist eine Art Spielstimmung, die für Humor und Kreativität verantwortlich ist", erklärt die Berliner Sozialpsychologin Marion Bönsch-Kauke.[73] Wie sehr spielerische Sorglosigkeit ein Schlüssel für Geistesgröße sein kann, bewies der Physiknobelpreisträger Albert Einstein. „Unzählige Berichte legen Zeugnis ab über Einsteins Verspieltheit, seinen unmittelbaren Zugang zu Kindern, sein unbeschwertes Scherzen und seine Lust auf Schabernack."[74]

Bönsch-Kauke hat im Rahmen der Deutschen Forschungsgemeinschaft acht Jahre lang über Kinder und Komik geforscht und dabei festgestellt: „Wenn Kinder in die Schule kommen, macht ihre Entwicklung in Sachen Sinn für Humor erst mal einen deutlichen Rückschritt!"

Die Hirnforschung[75] konnte inzwischen aufzeigen, dass Lernen auf persönlicher Beziehung basiert, kurzum: Keine Bildung ohne Bindung! Und bedenkt man, dass ein Lächeln der kürzeste Weg zwischen zwei Menschen ist, so erscheint diese Schlussfolgerung gerechtfertigt: Lachen und Lernen bilden ein Traumpaar! Doch dazu mehr im nächsten Kapitel.

---

[73] vgl. Bönsch-Kauke 2003

[74] ebd.

[75] vgl. Gebauer; Hüther 2004

Lachen und Lernen bilden ein Traumpaar!

Ein mit Missstimmung begonnener Unterricht
muss freilich weniger gut sein;
denn auf trockenem Boden der Niedergeschlagenheit
kann er ja auch wenig gedeihen.
Augustinus

Was in der Familie erfolgreich funktioniert, muss auch in außerfamiliären Lernorten – wie Kindergarten und Schule – umsetzbar sein, darin sind sich Sozialpsychologen und Humorforscher einig.

Bei all den positiven Meldungen aus der Medizin, Soziologie und Psychologie über das Lachen ist es jedoch verwunderlich, dass Humor und Schule in einem so konfliktreichen Verhältnis stehen. Während im Kindergarten noch herzhaft gelacht werden darf, beginnt mit der Schule der *Ernst des Lebens*[76]! Oder hatten Sie, lieber Leser, in der Schule viel zu lachen? Meist regiert hier noch die Faustregel *Wer lernt, lacht nicht!*

Kein Wunder, dass der Humor in schulpädagogischen Konzepten und Büchern weitgehend ausgeklammert ist. Bislang haben sich nur wenige Autoren für die Vereinbarkeit von Humor und Schule stark gemacht.[77]

Fragt man jedoch Schüler nach den wichtigsten Eigenschaften des idealen Lehrers, so wird Humor meist an erster Stelle genannt. So ergab eine Meinungsumfrage bei Hauptschülern der 6. bis 9. Klasse:

- „Wenn man Probleme hat, sollten Lehrer für einen da sein, nicht immer nur ernst sein, sondern auch fröhlich."
- „Der Lehrer sollte freundlich mit den Schülern diskutieren, wenn man was angestellt hat."[78]

---

[76] Hierzu ein empfehlenswertes Kinderbuch, das Kindern die Angst vor der Schule nimmt: Jörg, Sabine: Der Ernst des Lebens

[77] vgl. u.a. Gruntz-Stoll, Rißland

[78] vgl. Glänzel 1967, S. 6

Bereits 1980 ergab eine Untersuchung[79] von ca. 500 anonymen Schüleraufsätzen zum Thema *Wie ich mir meinen Lehrer wünsche*, dass der Humor des Lehrers an erster Stelle steht und zwar noch vor der Gerechtigkeit.

Viele weitere Untersuchungen geben den Schülern Recht: Humor schafft ein positives, angstfreies Arbeitsklima und fördert den Lern- und Speicherprozess.

Dennoch ist das Klagelied von der Schule als Ort der Humorlosigkeit noch lange nicht verstummt. Angestimmt wird es vor allem von der Schülerschaft und in der öffentlichen Wahrnehmung. Die Lehrerschaft klagt hingegen selten über diesen Mangel. Hat sie sich stillschweigend damit abgefunden oder befürchtet sie einen Autoritätsverlust?

Für den Göppinger Lehrbeauftragten am Staatlichen Seminar für Lehrerbildung Stuttgart, Dieter Kassner, sind die von seinen Kollegen heraufbeschworenen Ängste der nachlassenden Disziplin und des Autoritätsverlusts unberechtigt. „Respekt erhält man durch Fachwissen und Souveränität!", meint er. Kassner geht es vor allem um ein positives Verhältnis zu den Schülern, denn „in allen Umfragen wünschen sich Schüler, dass der Lehrer gerecht ist – und Humor hat!"[80]

Sicher ist Humor und Lernen für Lehrer ein schwieriges Thema, zum einen weil es hier um so persönliche Eigenschaften wie Souveränität und Sensibilität geht, und zum anderen, weil es viele Risiken birgt, z. B. peinliche Fettnäpfchen, Verletzung von Gefühlen, Ausnutzen der Machtposition, Verlust der Autorität, Anbiederung usw.

Wenn der Lehrer bereit ist, „die Trennung zwischen professioneller Erziehung und persönlichem Umgang aufzuheben", meint der Pädagoge Hartmut von Hentig[81], so lässt er sich auf eine gemeinsame Ebene mit den Schülern ein und verzichtet somit auf ein Stück Dominanz. „Durch den Humor des Lehrers, wird dieser einer von uns", beschreibt eine Schülerin die Wirkung des Humors im Unterricht auf sie. Er verhilft, die soziale Barriere zwischen Lernenden und Lehrenden abzubauen.

Aber so manche Lehrer befürchten, die Kontrolle über die Klasse zu verlieren und den Unterricht nicht mehr in ernste Bahnen lenken zu können. Ein sehr verbreitetes Argument ist auch der Zeitmangel, man hätte bei der Lernstoffmenge keine Zeit für

---

79 vgl. Gröschel zit. nach Seibert 1990

80 Kassner 2002

81 zit. nach Seibert 1990, S. 56

Späße. Außerdem sei man als Lehrer zu wenig oder gar nicht im humorvollen Unterrichten ausgebildet worden.

All diese Gründe werden genannt, um zu erklären, warum Lehrer so sparsam mit Humor umgehen. Ich frage mich, warum Erzieher das so wunderbar beherrschen. Schließlich haben auch sie einen auszuführenden Bildungsauftrag, wenig Zeit, auch sie sind denselben Risiken ausgesetzt wie die Lehrer, und im humorvollen Erziehen wurden auch sie nicht ausgebildet.

Keine Sorge, ich erwarte weder, dass Lehrer zu Komödianten geschult werden, noch dass ihr Unterricht einer Comedyshow gleichen soll. Aber es geht darum, Lernen humorvoller und somit interessanter zu gestalten, die Konzentration der Kinder und somit ihre Merkfähigkeit zu optimieren, ihr Intelligenzspektrum zu nutzen und vor allem ein angstfreies Lernklima zu schaffen. Denn eines ist klar: Kinder, die gerne in die Schule gehen, aufmerksam und mit Freude am Unterricht teilnehmen, erzielen bessere Lernergebnisse!

So meint die aktuelle psychologische und neurologische Forschung: Zum Lernen gehört untrennbar das Lachen! Humor fördere das Gedächtnis und den Einfallsreichtum der Kinder, die das heiter Erlebte mit dem Lernstoff in Verbindung bringen und beides nachhaltig erinnern. An den ohne Spaß gehörten und gesehenen Lernstoff würden sie sich dagegen viel schwerer erinnern. Außerdem stärkt Humor die Persönlichkeitsentwicklung der Kinder; sie sind beliebt und handeln daher zuversichtlicher.

Sicher kennen Sie das, lieber Leser, aus eigener Erfahrung. Mir zumindest haben Lehrer, die keinen Humor duldeten, immer Angst gemacht, ich fühlte mich unwohl und unsicher. Die Unterrichtsstunde kam mir dann endlos lang vor, und ich freute mich auf das erlösende Klingelzeichen. Meine Konzentration galt weniger dem Stoff als vielmehr der Uhrzeit nach dem Motto: *Möge diese Stunde rasch vorbei sein!*

Bei einer anderen Lehrerin, die zwar fordernd aber auch humorvoll unterrichtete, war ich entspannter und selbstbewusster. Sie vermochte es, kleine Spiele, witzige Reime und lustige Geschichten mit dem Lernstoff zu verknüpfen und weckte so unser Interesse. Diese Mischung von Ernsthaftigkeit und Humor beeindruckt mich bis heute noch bei Führungspersönlichkeiten.

Mit der Bedeutung von Humor in der Schulpädagogik haben sich einige wissenschaftliche Studien[82] beschäftigt. Bereits im Jahr 1931 stellen J. A. McGeoch und W. T. McDonald in einer experimentellen Untersuchung eine bessere Behaltensleistung in Verbindung mit Witzen fest.

Es folgten noch viele weitere Studien, hier einige Ergebnisse:

- Schüler der vierten bis sechsten Klasse sollten zu Objektpaaren Assoziationen herstellen. Gemeinsam entwickelten sie lustige und weniger lustige Assoziationen. Am nächsten Tag erinnerten sich die Schüler besser an die mit Humor assoziierten Objekte.[83]
- Schülern wurde nach dem Betrachten von Dias mit Zootieren (mal in humorvoller Version gezeichnet und mal in seriöser) ein Buchstabe gezeigt. Auf die Frage „C steht für ...?" sollten sie sich an möglichst viele Tiere mit dem genannten Buchstaben erinnern. Selbst einen Monat nach dem Versuch hatten die Kinder das humorvoll Erlernte besser behalten.[84]
- Dieses Experiment lief während eines ganzen Semesters mit 161 Schülern der elften Klasse einer High School. Die Hälfte davon nahm als Kontrollgruppe teil. Beiden Gruppen wurde verschwiegen, dass sie an einem Experiment teilnahmen. Speziell darauf vorbereitete Lehrer sollten in der Experimentgruppe auf das Thema bezogenen Humor anwenden und in der Kontrollgruppe ohne Humor unterrichten und zwar mit demselben Material. Die Schüler, die einen humorvollen Unterricht erlebt hatten, erzielten bessere Ergebnisse als die ohne Humor unterrichtete Gruppe.[85]
- Eine weitere Untersuchung des internationalen Zentralinstituts für das Jugend- und Bildungsfernsehen in München stellte fest, dass Humor die Dokumentationssendungen für Kinder attraktiver macht. Daher ist er fester Bestandteil in vielen Bildungssendungen für Kinder. Auch schnitten bei Kindern die humorvollen Moderatoren von Wissenssendungen am besten ab.[86]

---

[82] vgl. Glänzel 1967/Reinert, Heyder 1981/Struck, Würtl 1999/Seibert, Wittmann, Zöpfl 1990

[83] vgl. Bryant, Zillmann 1989

[84] vgl. Chapman, Crompton 1978

[85] vgl. Ziv 1988

[86] vgl. Götz 2003

- In einer Langzeitvideostudie mit Grundschulkindern stellte sich heraus, dass Humor die sozio-psychische Kompetenz einer Klasse fördert.[87] Es ist also unumstritten, dass sowohl eine humorvolle als auch eine humorlose Lehrkraft die Atmosphäre einer Lerngruppe prägt. Der Pädagoge wirkt als Humorsender, von dem sowohl die angenehme, angstfreie Lernatmosphäre der ganzen Klasse als auch die humorvolle Grundhaltung des einzelnen Schülers abhängt. „Humorvolles Verhalten und Verständnis für Humor kann stressvolle Situationen im Schulalltag entschärfen, Aufmerksamkeit aktivieren und das Behalten von Unterrichtsinhalten fördern."[88]

Wenn Sie, lieber Leser, über eine humorvolle Grundhaltung verfügen, so können Sie die Humoreffekte im Lernprozess noch optimieren. Hier neun Tipps dazu:

1. Nehmen Sie sich nicht immer so wichtig, und lachen Sie auch mal über ihre Unzulänglichkeiten und Eigenarten nach dem Motto *Niemand ist perfekt!* Entwickeln Sie eine gewisse Distanz zu sich selbst, erstreben Sie heitere Gelassenheit und vor allem eine positive Einstellung den Lernenden gegenüber.
2. Sprechen Sie das Thema *Humor im Unterricht* offen an, und holen Sie sich Rückmeldungen von Ihrer Schülergruppe.
3. Nehmen Sie verstärkt Situationskomik wahr!
4. Suchen Sie in der Lerngruppe nach Komikpartnern, denen Sie *die Humorbälle zuspielen* können!
5. Wechseln Sie öfter die Perspektive, und betrachten Sie Unterrichtssituationen mal von außen und mit mehr Distanz.
6. Schauen Sie Filme, und lesen Sie Bücher von Humoristen (von Mark Twain bis Woody Allen), und sammeln Sie witzige Anekdoten aus dem Alltag.

Augenzwinkernd

Bitte nehmen Sie diese Tipps nicht so ernst, dass Ihnen dabei das Lachen vergeht!

[87] vgl. Bönsch-Kauke 2003
[88] Huber 2001

7. Seien Sie interessiert an Wortspielereien, erfinden Sie z. B. witzige Buchtitel für Ihre Unterrichtsthemen.
8. Trainieren Sie Humortechniken: Witzige Vergleiche machen, ins Groteske steigern, Unsinniges und Absurdes erfinden.
9. Gehen Sie auf die Suche nach Ihrer *skurrilen* und *schrägen Seite*, und pflegen Sie sie liebevoll!

Nicht nur das Lernen funktioniert mit Humor besser, sondern vor allem das soziale Miteinander einer Gruppe bzw. Klasse. Denn wer lacht, ist gefragt! So sind humorvolle Schüler bei ihren Klassenkameraden und Lehrern nachweislich beliebter. Sie gelten als durchsetzungsfähiger, überzeugender, mitreißender und origineller als humorlose Mitschüler. Und wegen ihrer tonangebenden Art werden sie von ihren Klassenkameraden gern zu Anführern und Sprechern gewählt. Humortutoren nennt die Psychologin Marion Bönsch-Kauke (2003) diese einflussreichen Kinder, die zwar nicht unbedingt Klassenbeste sind, aber die besten Grundlagen mitbringen für das Leben nach der Schule. Diese sogenannten humortüchtigen Kinder finden schneller Freunde als traurige, missmutige Mitschüler.

Der israelische Psychologe und Pädagoge Avner Ziv (Universität Tel Aviv) kommt zu folgenden Schlussfolgerungen:

- Humor, der direkt an das zu lernende Material angrenzt, erzeugt eine Assoziation, die das Erinnern erleichtert.
- Humor, der keinen Bezug zum Lernmaterial hat, kann sich schädlich auswirken, da sich die Assoziation auf die humorvolle Information und nicht auf das zu lernende Material bezieht.
- Humor zieht die Aufmerksamkeit der Zuhörer auf sich. Daher muss der Humor die Aufmerksamkeit auf das zu lernende Thema umlenken, was durch ein oder zwei nachfolgende Sätze geschehen kann, die einen Bezug herstellen.
- Die Menge des Humors beim Lernen ist wichtig. Zuviel kann den Lehrer zum Clown machen und die Schüler ablenken.
- Der Humorlevel sollte der Zielgruppe angepasst werden. Er sollte anspruchsvoll genug sein, um die Zuhörer auch kognitiv miteinzubeziehen. Erst dann entsteht

durch das Auflösen der Inkongruenz (Nichtübereinstimmung) ein Gefühl der intellektuellen Befriedigung.[89]

Allen Ernstes! – Humor ist ein hochbegabter Lernpartner!

Denn er kann Vieles zugleich:

- löst eine positive Hormonlage aus, die nachhaltige neuronale Verknüpfungen ermöglicht.
- hilft Lern- und Schulängste abzubauen, erhöht die Freude am Lernen, die Lernmotivation und die Identifikation mit der Schule. Diese positive Einstellung motiviert zum lebenslangen Lernen.
- fördert den Gruppenzusammenhalt der Lernenden und stärkt das positive Verhältnis zwischen Lehrer und Schüler
- schafft eine entspannte, angstfreie Lernatmosphäre, in der Fehler und Fragen erwünscht sind
- ermöglicht sinnvolle Distanz zu den Dingen, zu Problemen und Unzulänglichkeiten und eröffnet unerwartete Problemlösungen
- weckt das Interesse, erhöht die Aufmerksamkeit und die Konzentrationsbereitschaft
- hilft den Lernstoff besser zu behalten
- fördert die sprachliche Intelligenz und Kreativität
- steigert die Kontaktbereitschaft, das Selbstwertgefühl und die soziale Kompetenz

Im Lernprozess ist Humor das Salz in der Suppe, er verhindert, dass etwas zu fade schmeckt. „Humor und Freude in der Schule, also in Unterricht und Erziehung, sind nicht wegzudenken, wenn Erziehung als Hilfestellung zur positiven Bewältigung des Lebens verstanden wird. Ein Unterricht, der der Intention einer Wissensvermittlung verpflichtet ist, der Werthaltungen, Einstellungen und Gefühle bewirken möchte, damit Wissen im Sinne einer ganzheitlichen Bildung erfahren werden kann, muss nicht

---

[89] vgl. Ziv 1988

nur die konstituierenden Elemente Vertauen, Wertschätzung, Anerkennung, Geborgenheit und Liebe vermitteln, sondern auch ein von Freude erfüllter Unterricht sein."[90]

Dass diese Einstellung nicht nur Schülern zugute kommt, sondern auch Lehrern beschreibt Jessica L. Reese (2005) in ihrer Examensarbeit mit einem wundervollen Satz: „Wenn ich Humor in der Schule gefunden habe, dann war er mit Menschen verbunden, die für sich sorgen und sich in der Schule wohl fühlen wollten."

Denn Lehrer, die für ihren Beruf brennen, strahlen Freude aus und wirken ansteckend. Fehlt jedoch dieser *pädagogische Eros*, die Liebe zum Beruf und zu den Schülern, dann haben wir es in Sachen Humor mit einem hoffnungslosen Fall zu tun. Bestenfalls wird dieser Mensch humorlos sein und sich im schlimmsten Fall zum Zyniker und Misanthropen entwickeln. Solche Einstellungen haben im pädagogischen Beruf nichts zu suchen!

Die Grenzen des Humors in der Pädagogik

Sicher erinnern Sie sich noch, lieber Leser, an die Lehrer, die zu Beginn eines jeden Schuljahres immer wieder dieselben Witze zum Besten gaben und von uns nur ein ritualisiertes Schmunzeln ernteten. Denn längst hatten wir begriffen, dass diese eingestreuten Witzchen mehr der Selbstprofilierung des Lehrers dienten als uns.

Humor funktioniert nicht auf Knopfdruck, er bedarf einer hohen Empathie des Pädagogen gegenüber seiner Zielgruppe. Beim Einsatz von Humor als didaktisches Mittel ist Vorsicht geboten! Er lässt sich nicht mechanisch verplanen. Humor ist emotional und daher in seiner Intensität und Wirkung sehr individuell und situativ. Lachsäcke oder Pausenclowns sind vorne am Pult genauso fehl am Platz wie echte Spaßbremsen. Einen Humor auf Augenhöhe des Kindes zu entwickeln ist eine wichtige, pädagogische Schlüsselkompetenz.

Die sensibelste Gratwanderung machen Eltern und Pädagogen beim Gebrauch von Ironie oder Sarkasmus. Denn sie bergen drei große Gefahren:

---

[90] Seibert u. a. 1994, S. 9

Mangelnde Kenntnis über die Humorentwicklung des Kindes

Eltern und Pädagogen bedienen sich oft ironischer Mittel, ohne zu wissen, was diese beim Kind auslösen. Ironie versteht das Kind erst in reiferem Alter, dann wenn es gelernt hat, dass eine falsche Aussage nicht nur ein Irrtum oder eine Lüge, sondern auch eine humorvoll gemeinte Äußerung sein kann. Unverstandene Ironie hingegen wirkt verletzend. So können Sätze wie z. B. „Du bist immer so faul!", das Selbstbild des Kindes schwächen und entwerten. Die Leiterin des internationalen Zentralinstituts für das Jugend- und Bildungsfernsehen in München, Dr. Maya Götz, fasst die experimentellen Studien zur Fernsehwahrnehmung zusammen: „Es zeigte sich, dass Kinder bei lernorientierten Programmen die ironische Bedeutung in der Sprache eher nicht wahrnehmen" (2003). Ein Kind unter 5 Jahren kann Ironie noch nicht einordnen; in diesem Alter geht es davon aus, dass das Gesagte auch wörtlich gemeint ist. Selbst ein 6-jähriges Kind kann Ironie und Sarkasmus nicht im gewünschten Sinne nachvollziehen. Erst zwischen 6 und 8 Jahren beginnt das Kind allmählich, den unterschwelligen und nicht wörtlich gemeinten Sinn einer ironischen Aussage zu verstehen. Und je älter das Kind, umso eher gelingt ihm die Unterscheidung von Gesagtem und Gemeintem.[91] So belegt eine Studie von D. Zillmann u. a. (1984), dass Ironie für Kinder vom Kindergartenalter bis zur achten Klasse kontraproduktiv wirkt. Es gibt Forscher, wie z. B. H. Helmers (1971), die das Alter für Ironieverständnis sogar auf 18 Jahre hochsetzen. Ironische Kritik finden wohl erst Erwachsene richtig lustig!

Mangelnde wertschätzende Grundhaltung gegenüber dem Kind

Pädagogen und Eltern sollten eine positive Einstellung gegenüber dem Kind und dem Schüler haben, so dass alle am Lernprozess Beteiligten sich geschätzt und wohl fühlen. Nur so kann der feindselige Moment einer ironischen Bemerkung entschärft und eine vertrauensvolle Lernatmosphäre geschaffen werden. Aber Vorsicht, denn Ironie wird in der Alltagskommunikation nicht in jedem Milieu auf gleiche Weise verstanden. Es kann zu milieubedingten Fehlinterpretationen kommen. So kann ein Lehrer zwar glauben, er sende positiven Humor aus und ihn auch für pädagogisch wichtig erachten, aber tatsächlich könnte sein Humor von den Schülern als negativ empfangen werden.

---

[91] vgl. Demorest 1984

Alle Pädagogen bewegen sich auf einem schmalen Grad zwischen positivem und negativem Humor. Daher sollten sie die Humorentwicklung ihrer Lerngruppe genau kennen und darauf achten, dass ihr Humor:

1. fach- und themenbezogen und nicht vom Unterrichtsinhalt isoliert ist.
2. in Qualität und Quantität zur Lehrperson und zu den Lernenden passt.
3. der Humorsensibilität der Kinder und Jugendlichen entspricht.

„Negativer und herabsetzender Humor jeglicher Art sollte im pädagogischen Verhältnis ausgeschlossen werden. Er führt zu einer angespannten Lernatmosphäre. Die Schüler fühlen sich unwohl und haben Angst im Unterricht. Daraus folgt eine emotionale Blockierung, die sich hemmend auf die Lernprozesse auswirkt. Im schlimmsten Fall führt es sogar zur Schulangst. Negativer Humor seitens der Schüler darf von dem Lehrer nicht persönlich genommen werden. Dieser sollte negative Formen sensibel und genau beobachten und den Ursachen auf den Grund gehen."[92]

Herabsetzender Humor hat in der Schule nichts zu suchen, höchstens als liebevolle Selbstironie, aber niemals als Machtmittel, um Schüler zu degradieren. Grundsätzlich gilt: Wie ironische, zynische und sarkastische Bemerkungen aufgenommen werden, hängt maßgeblich von der Persönlichkeit des Kindes und von der Qualität seiner Beziehung zum Pädagogen ab!

Sensibles Augenmaß und fundierte Kenntnisse über die individuelle Entwicklung der Lernenden sind die entscheidenden Stichworte. Und hier liegt noch viel pädagogische Arbeit vor uns. Deutliche Kritik übt diesbezüglich Gerlinde Unverzagt, die Berliner Journalistin und Autorin, die ihre Bücher unter dem Namen Lotte Kühn veröffentlicht, da ihre vier Kinder noch die Schule besuchen:

„Lehrer verlangen stets Respekt – sind sie auch bereit, das gleiche den Schülern zu geben? Der Rohrstock war gestern. Heute bilden rituelle Bosheiten die Waffen, um Jugendliche im pädagogischen Nahkampf der Häme einer ganzen Klasse preiszugeben. *„Nimm die Hände aus den Taschen! Hier wird kein Taschenbillard gespielt!"*, hat er gesagt, erzählt mein Sohn, 16, auf meine Frage, wie's heute in der Schule war. *Pah*, raunzt seine 14-jährige Schwester, zu Lena hat der Lehrer heute gesagt: *„Lehn dich mal nicht so an die Wand, die kracht gleich ein".* Dabei wäre es ganz einfach: Ein

---

[92] Reese 2005

Lehrer darf mit einem Schüler nur so sprechen, wie er es umgekehrt auch akzeptieren würde – Fehlanzeige ... Manche Lehrer helfen ihrem geschundenen pädagogischen Ego mit rituellen Gemeinheiten auf die Sprünge und greifen aus Hilflosigkeit, Überforderung und Ich-Schwäche auf ungefähr alle Bosheiten zurück, zu denen sich Stärkere gegenüber Schwächeren gemeinhin hinreißen lassen. Sobald der Lehrer die Klassentür schließt, ist er König. Das Machtgefälle ist groß, der Kampf ungleich: Gegen Ironie sind Kinder bis weit ins Teenageralter hinein wehrlos – sie können nicht mit gleicher Münze zurückzahlen."[93]

Respect!, fordern die Jugendlichen in ihren HipHop-songs. Das ist sicher kein Zufall, sondern ein deutliches Signal! Dieses Schlüsselwort der Jugendkultur meint die Achtung vor dem anderen, und zwar nicht nur vor dem Erfolgreichen und dem Mächtigen sondern auch vor dem Gescheiterten und dem Schwachen. Der Hamburger Publizist Reinhard Kahl bemerkt in einem Beitrag im Deutschland Radio: „Dieses Wort hat nichts mehr zu tun mit seiner autoritären Bedeutung, die bei der Rede von ‚Respektspersonen' mitklang. Es geht den Kindern und Jugendlichen ohnehin kaum noch um Autoritätskonflikte. Es fehlt den meisten nicht an Taschengeld oder Freizügigkeit. Der neue Mangel ist einer an Aufmerksamkeit und an Resonanz. Vor allem in den Subkulturen der Kinder aus Einwandererfamilien bedeutet die Aufforderung ‚respect me': Achtung, wir sind auch da! Seht uns an! Wir verlangen ein Mindestmaß an Anerkennung."

Auch im Lernprozess sollte es um gegenseitigen respektvollen Umgang gehen! Schüler werden durch ironische Bemerkungen des Lehrers verunsichert und abgelenkt, denn es treibt sie die Frage: „Wie hat er das gemeint?", mehr als der eigentliche Lernstoff.

Auch wenn Sie, lieber Leser, im voran gegangenen Kapitel erfahren konnten, dass integrierter Humor – also mit dem Lernstoff verbundener Humor – den Behaltensvorgang verbessert, so haben humorvolle Stimuli im Erziehungs- und Unterrichtsgeschehen ihre Grenzen bei der Ironie erreicht.

---

93 Kühn 2005

Unverhältnismäßig hoher Humoreinsatz

Ob Humor zu einer gewissen Oberflächlichkeit verleitet oder nicht, darüber gibt es unterschiedliche Meinungen. R. Wood und J. R. Rossiter (1999) stellen die These[94] auf, dass gut gelaunte Menschen eher dazu neigen, vorschnell und vereinfachend an ein komplexes Problem heranzugehen und somit Informationen oberflächlicher zu verarbeiten. Aber es gibt auch gegenteilige Studienergebnisse, die aufzeigen, dass Menschen in einer durch Humor ausgelösten positiven Stimmung viel spielerischer und kreativer mit Problemen umgehen.[95] Eines ist jedoch in der Humorforschung unumstritten: Ein Lehrer, der zu viele Witze reißt und zu oft Späße macht, wird von seinen Schülern nicht mehr ernst genommen. Er droht als unverbesserliche Lachnummer abgestempelt zu werden. Aber Vorsicht, noch viel unbeliebter sind bei den Lernenden humorlose Pädagogen! Wie so oft im Leben, kommt es also auch hier auf das richtige Maß im richtigen Moment an!

Zusammenfassend nennt B. Rissland drei kritische Funktionen von Humor, die es zu beachten gilt:

„**Humor als Waffe** weist auf einen aggressiven bzw. feindseligen Humor hin. Mit aggressivem Humor ist einerseits das Verletzen und Herabsetzen von anderen gemeint, anderseits kann dies auch gegen sich selbst gerichtet sein.

Humor als Mechanismus meint das Schaffen eines sozialen Klimas, in dem Statusunterschiede an Bedeutung verlieren und aufgeweicht werden. Hierzu gehören sowohl das Scherzen auf Kosten des anderen als auch das Trivialisieren von Argumentation durch Scherze.

Humor als Gegner des Ernstes beinhaltet die Fähigkeit, sich selbst nicht zu ernst zu nehmen und über die Unzulänglichkeiten des Lebens zu lächeln. Darin liegt aber auch die Gefahr, letztendlich nichts mehr ernst zu nehmen und jeglicher Auseinandersetzung wie auch den eigenen Gefühlen humorvoll aus dem Wege zu gehen."[96]

---

[94] Dabei berufen sie sich auf Experimente von Joseph P. Forgas (2001).

[95] vgl. Ziv 1988

[96] Rissland 2002, S. 35-38

Vor den Grenzen des Humors können sich selbst Comedystars und Kabarettisten nicht schützen. Weder leben sie nachweislich gesünder, länger noch unbedingt glücklicher. Dass ein Komiker nicht zwangsläufig lachend durch's Leben gehen muss, zeigt das folgende Beispiel sehr eindrücklich.

Allen Ernstes! – Karl Valentin war ein missmutiger Misanthrop!

Der kleine, magere Kabarettist und Komiker aus München verhielt sich im alltäglichen Privatleben alles andere als komisch. Karl Valentin war ein ausgemachter Misantroph (Menschenfeind), er litt unter Bakteriophobie – der Angst vor Schmutz und Bakterien – und war sicher kein Kind von Fröhlichkeit. Liesl Karlstadt, seine Bühnenpartnerin und Geliebte, litt unter seiner Launenhaftigkeit ebenso wie seine Familie. Der Nazizensur unterworfen, war Valentin nach Ende des Zweiten Weltkrieges aufgrund mangelnden Erfolges gezwungen, seinen Lebensunterhalt mit Drechslerarbeiten zu bestreiten. Unterernährt und geschwächt starb er an einer Lungenentzündung am 9. Februar 1948.

Humor ist nicht immer positiv und harmlos: Er kann ab- und ausgrenzen, Strukturen verfestigen oder unterlaufen, er kann derb, verletzend, unverständlich und unangebracht sein. Wer diese Grenzen des Humors nicht kennt, kann schmerzhafte Wunden verursachen.

Aber Humor vermag vor allem zu erheitern und zu besänftigen; in seinem Licht erscheinen viele Dinge und Sorgen versöhnlich. Er hilft uns, über unsere eigenen Fehler und Marotten zu lachen, die eigene Begrenztheit und die vielen Unzulänglichkeiten dieser Welt zu erkennen.

Der deutsche Dichter Gerhart Hauptmann beschrieb Humor treffend als „Erkenntnis der Grenzen, verbunden mit grenzenloser Erkenntnis". Und wer die Grenzen respektiert, vermag Humor kindgerecht, wohl dosiert und wertschätzend in der Pädagogik einzusetzen.

Kapitel 6

Der große Praxisteil

Zwischen Lachen und Spielen
werden die Seelen gesund!
Arabisches Sprichwort

Spieglein, Spieglein an der Decke!

Babies lieben es, wenn sie z. B. auf der Wickelkommode liegen, nach oben zu schauen und etwas Interessantes zu beobachten. Wenn Sie Spiegelfliesen an die Decke kleben, kann Ihr Baby sich beim Wickeln genüsslich anschauen und nach Herzenslust Grimassen schneiden.

Alter	ab Geburt bis ca. 2 Jahre
Zeit	3 – 5 Minuten
Sozialform	Einzelspiel

Eine Grimasse geht auf Reise!

Hier ist Lachen garantiert! Die Kinder stehen oder sitzen im Raum und plötzlich verkündet der Spielleiter: „Kinder, heute ist bei mir nach langer Reise eine Grimasse angekommen. Sie hat mir erzählt, dass sie sehr reiselustig ist und euch bittet, sie dabei zu unterstützen. Schaut mal, so sieht die Grimasse aus (Spielleiter zeigt eine witzige Grimasse); bitte gebt sie rasch eurem Nachbarn weiter."

Tipp

Erzählen Sie, bevor Sie die reiselustige Grimasse an die Kinder weitergeben, wie sie sich heute fühlt. So erhöhen Sie die Variationsbreite z. B. von einer wütenden, staunenden, traurigen bis hin zu einer ängstlichen Mimik.

Variante

Bei den Kindern ist „Ein Pups auf Reisen" ganz besonders beliebt! Dabei gibt der Spielleiter einen tönenden Pups in die Kinderrunde weiter. Selbstverständlich kennt dieser auch unterschiedliche Stimmungsschwankungen vom verlegenen bis hin zum knalligen Pups.

Wenn eine Grimasse in die eine Richtung und ein Pups gleichzeitig in die andere Richtung auf Reisen gehen, biegen sich die Kinder vor Lachen, vor allem wenn sich Grimasse und Pups auf ihren Reisen treffen!

Alter	ab 2 bis 8 Jahre
Zeit	3 – 5 Minuten
Sozialform	Gruppenspiel

Die Blindschleiche

„Bitte bildet Fünfergruppen, stellt euch hintereinander auf und legt eure Hände auf die Schultern eures Vordermanns. Am Ende der Schlange steht der *kluge Kopf* d.h. das Kind, das eure Schlange mit offenen Augen sicher durch den Raum lotsen wird. Alle anderen Kinder schließen die Augen. Nun vereinbart Bewegungssignale für eure Schlange z. B.:

- beide Hände schlagen auf die Schultern des Vordermanns = geradeaus gehen
- rechte Hand schlägt auf rechte Schulter des Vordermanns = rechts herum gehen
- linke Hand schlägt auf linke Schulter des Vordermanns = links herum gehen
- rechte Hand drückt auf die Rückenmitte des Vordermanns = stehen bleiben

Die Bewegungsbefehle gibt euer sehender *kluger Kopf* am Ende der Schlange. Ihr leitet jeden seiner Befehle an euren blinden Vordermann weiter und zwar solange, bis er schließlich den *blinden Kopf* eurer Schlange erreicht hat. Bitte achtet darauf, dass eure Blindschleichen nicht zusammenstoßen.

Tipp

Dieses lustige Bewegungsspiel kann je nach Platzverhältnissen drinnen oder draußen gespielt werden. Je älter die Kinder sind, umso länger kann die Blindschleiche sein, d. h. umso mehr Kinder können hintereinander stehen.

	Alter	ab 4 bis 9 Jahre
	Zeit	ca. 5 Minuten
	Sozialform	Gruppenspiel

Lustiger Dialog

In der Mitte des Raumes liegen vorbereitete Zeitungsausschnitte, in denen der Spielleiter jeweils einen besonders witzigen Satz unterstrichen hat. Die Spieler stehen in der Mitte des Raumes, und jeder wählt einen Zeitungsausschnitt aus. „Nun geht durch den Raum und lernt den unterstrichenen Satz auswendig. Wenn ihr ihn innerlich aufsagen könnt, dann legt die Hände hinter euren Rücken. Im Notfall könnt ihr euren Zeitungsartikel nach vorne holen und den Satz nochmals lesen. Ihr habt jetzt ein kleines Problem: Ihr beherrscht von nun an nur diesen einen Satz und keinen anderen. Euer ganzer Sprachschatz besteht also aus diesem auswendig gelernten Satz. Aber wie alle Menschen habt ihr ein großes Mitteilungsbedürfnis d. h. ihr möchtet euch gerne mit euren Mitspielern unterhalten. Daher versucht ihr so oft wie möglich, einem entgegenkommenden Mitspieler diesen einen Satz mitzuteilen. Dieser wird euch dann mit seinem Satz antworten! Und schon erlebt ihr einen sehr witzigen Dialog!"

Tipp

Wenn Sie Zeitungsausschnitte auswählen, achten Sie bitte darauf, dass die Artikel aus verschiedenen Sparten kommen z. B. Politik, Wetterbericht, Horoskop oder Werbung. Sobald Sie einen Satz unterstreichen, und ihn damit aus seinem Zusammenhang lösen, wirkt er – mehrmals aufgesagt – skurril und belustigend. Und wenn sich zwei Sätze treffen, wird's erst recht lustig z. B. „Der Westwind weht zuweilen mäßig" trifft auf „Selbstverständlich werden wir Sie ausführlich beraten" oder „Hier fahren die Gefühle Achterbahn" trifft auf „Bei so viel Spaß an Bewegung brauchen Sie eine atmungsaktive Trainingshose."

Übrigens: Sie können auch Ausschnitte aus einem Lesebuch oder einer Lektüre benutzen.

Variante

Der Lachfaktor dieses witzigen Dialogspiels erhöht sich, wenn der Spielleiter unterschiedliche Varianten vorgibt z. B. „Diesmal flüstert ihr euch die Sätze ins Ohr!" oder „Tragt euren Satz mal ganz traurig vor!" oder „Jetzt reicht's euch! Ihr schreit nun euren Satz wütend dem nächsten Mitspieler entgegen!"
Auch ein fremdsprachiger Dialog bereitet den Spielern viel Freude.

Alter	ab 8 bis 99 Jahre
Zeit	10 – 15 Minuten
Sozialform	Gruppenspiel
Material	vorbereitete Zeitungsausschnitte

Ene Mene Miene!

Ab dem dritten Lebensmonat gibt es für ein Kind kaum etwas Lustigeres als ein wechselhaftes Mienenspiel. Auf Ihrem Schoß sitzend oder auf dem Rücken liegend beobachtet es Ihre Gesichtsmimik und hat einen Riesenspaß daran, die Palette Ihrer Grimassen – vom Wangen aufplustern, Nase rümpfen bis hin zum Zungeherausstrecken – nachzuahmen. Dieses mimische Spiel zwischen Ihnen und dem Kind ist ein wundervoller emotionaler Dialog. Gönnen Sie sich täglich diese kleine Minute des großen Glücks.

Tipp

Sollte sich das Kind mal über eine Ihrer Grimassen erschrecken, dann lächeln Sie es beruhigend an. Übrigens: Witzige Worte vertragen sich gut mit Grimassen. Wenn Sie jedesmal vor Spielbeginn dem Kind „Ene mene Miene" ins Ohr flüstern, wird es vor Vergnügen quietschen.

Variante

Mit zunehmendem Alter nimmt das Bedürfnis nach Zärtlichkeit nicht ab. Im Gegenteil, Kinder brauchen täglich die Zuversicht, geliebt zu werden und wollen dies auch körperlich spüren. Aus „Ene Mene Miene" können später andere Schmuserituale zu Hause oder im Kindergarten entstehen, z. B. die morgendliche Kuschelminute oder die abendliche Schmusezeit.

Alter	ab 3. Monat bis 3 Jahre
Zeit	3 – 5 Minuten
Sozialform	Paarspiel

Kurt Kitzel geht auf Reise!

Auch wenn Kurt Kitzel auf Reisen geht, ist das herzhafte Lachen garantiert! Denn plötzlich verkündet der Spielleiter: „Kinder, heute ist Kurt Kitzel bei mir angekommen, und er ist ganz wild darauf, seine Reise bei euch fortzusetzen." Und schon kitzelt der Spielleiter ein Kind und sagt nach kurzer Zeit: „So, nun will Kurt Kitzel weiterreisen, bitte reiche ihn an ein anderes Kind weiter." So lösen Sie in der Gruppe eine lustige Kitzel-Kettenreaktion aus und die Kinder werden sich wünschen: „Bitte noch mal!"

Tipp

Erzählen Sie, bevor Sie den reiselustigen Kurt Kitzel an die Kinder weitergeben, wie er sich heute fühlt: Mal ist er sanft und zärtlich, mal sehr zappelig und ausgelassen.

Variante

„Ein kleiner Krabbel-Krümel geht in den Hort. Krabbelt hier, krabbelt dort, rasch läuft er fort!" Das Krabbeln wird im Kreis weitergegeben, vielleicht nachdem der Spielleiter die Geschichte vom pieksenden Krümel im Bett erzählt hat.

Alter	ab 1 bis 6 Jahre
Zeit	3 – 5 Minuten
Sozialform	Paar- oder Gruppenspiel

Oma Samurai

Erinnern Sie sich noch: Wenn wir in unserer Kindheit etwas auszuhandeln hatten, kam das lustige Paarspiel „Stein, Schere, Papier“ („Schnick, Schnack, Schnuck“) zum Einsatz. Hier spielen es die Kinder nicht nur mit den Händen sondern mit dem ganzem Körper und zwar in diesen Rollen:

- **Der Samurai-Kämpfer** setzt seinen rechten Fuß einen Schritt nach vorne, streckt den rechten Arm starr wie ein Schwert in Richtung des Gegners und schreit ein lautes, furchterregendes „Hah!“ Diese Figur besiegt den Tiger!
- **Die Oma** steht wackelig; sie stützt sich mit gebeugtem Rücken auf ihren Krückstock. Sie wimmert und stöhnt dabei den leisen Klagelaut „Oh je!“ Diese Figur besiegt den Samurai-Kämpfer, der aus moralisch-ethischen Gründen keine alten Menschen angreift.
- **Der Tiger** springt mit erhobenen Tatzen nach vorne und faucht bedrohlich. Diese Figur besiegt die Oma!

Nachdem die Kinder die drei Figuren eingeübt haben, kann der Schlagabtausch im raschen Wechsel losgehen. „Stellt euch zu zweit gegenüber, verbeugt euch respektvoll vor eurem Gegner. Ich zähle nun bis drei“, sagt der Spielleiter „und dann zeigt jeder die Figur seiner Wahl. Wer als erster drei Kämpfe gewonnen hat, ist Sieger!“

Variante

Bei diesem lustigen Rollenspiel können auch zwei Mannschaften gegeneinander antreten. Dann zieht sich jede Mannschaft vor jedem Schlagabtausch zurück und beratschlagt, welche Figur sie als nächste einsetzen wird. Nach kurzer Beratung stellen sich beide Lager in zwei Reihen gegenüber, verbeugen sich alle und auf Zuruf „Eins, zwei, drei“ des Spielleiters kann's losgehen. Es siegt die Mannschaft, die als erste drei Kämpfe gewonnen hat.

Alter	ab 4 bis 12 Jahre
Zeit	ca. 5 Minuten
Sozialform	Paar- oder Gruppenspiel

Das Kugellager des Lachens

Die Methode des Kugellagers macht's möglich! Alle Kinder können gleichzeitig ihre neuesten Witze oder lustigen Geschichten austauschen! Und so geht's: Die Kinder werden in zwei Gruppen eingeteilt. In der Raummitte stellt zunächst die A-Gruppe einen kleinen Kreis mit Stühlen so auf, dass die Sitzflächen nach außen zeigen. Die Kinder, die sich jetzt auf die Stühle setzen, schauen also in den Raum. Nun suchen sich die Kinder der B-Gruppe einen Gesprächspartner aus und setzen sich ihm gegenüber. So entstehen ein innerer und ein äußerer Stuhlkreis, in denen sich die gleiche Anzahl von Kindern gegenübersitzt. Jetzt beginnen die Paare, sich Witze oder lustige Geschichten zu erzählen. Nach kurzer Zeit lässt der Spielleiter ein Signal (z. B. Klangschale) erklingen und erklärt: „Die Kinder der A-Gruppe wechseln jetzt nach rechts, lasst dabei eure Stühle stehen." Erneut beginnt ein humorvoller Austausch, diesmal jedoch mit einem neuen Gesprächspartner. In der nächsten Runde wechselt die B-Gruppe und so kommt langsam ein *menschliches Kugellager* in Gang.

Tipp

Der Spielleiter sollte darauf achten, dass sich die gegenüber sitzenden Paare mit den Knien berühren. Dann sitzen die Kinder nah genug beieinander, um sich akustisch gut zu verstehen. Je größer der Abstand, umso lauter wird das Kugellager. Der Spielleiter entscheidet je nach Gesprächsfreudigkeit der Dialogpartner, wann er den Wechsel im Kugellager einläutet. Spätestens wenn ein Paar sich stumm gegenüber sitzt, ist es höchste Zeit für den Platzwechsel!

Alter	ab 5 bis 99 Jahre
Zeit	10 – 20 Minuten
Sozialform	Gruppenspiel
Material	Stühle, Klangschale

Mein Erfolgsweg

Um negative Kritik machen wir immer viel Aufhebens: Wir erläutern Kindern bis ins Detail, was sie alles falsch gemacht haben und warum. Aber wenn wir loben, dann rutscht uns gerade mal ein „Ja, gut!" heraus. Dann geben wir uns keine Mühe, den Erfolg zu kommentieren, obwohl wir den Kindern genauso ausführlich erklären könnten, was sie alles richtig gemacht haben und warum. Dies würde die gute Laune, ihre Lernmotivation, ihre optimistische Haltung und Selbsteinschätzung sehr fördern.

Tipp

Noch besser: Die Kinder erläutern selbst ihren Erfolgsweg und erklären, mit welchen Einzelschritten sie ihn gegangen sind. Übrigens: Das Lob kann vor einer Großgruppe ausgesprochen oder in Paaren ausgetauscht werden nach dem Motto „Das hast du gut gemacht, weil ...!"

Alter	ab 4 bis 99 Jahre
Zeit	1 – 2 Minuten
Sozialform	Paar- oder Gruppenspiel

Die Kicherschale

„Bitte formt eure Hände zu einer kleinen Schale, so als würdet ihr darin etwas Wasser auffangen wollen. Nun lächelt oder kichert in eure Schale hinein, und verschließt rasch eure Hände. Jetzt wendet euch eurem Nachbarn zu, und reicht ihm den Inhalt eurer Schale weiter. Kippt euer Lächeln oder Kichern einfach in seine Hände!" Jedes Kind, das den Schaleninhalt überreicht bekommen hat, behält sein Lächeln auf den Lippen oder kichert unentwegt. Rasch wird so aus einer ernsten eine lächelnde oder kichernde Kinderschar!

Alter	ab 3 bis 7 Jahre
Zeit	ca. 5 Minuten
Sozialform	Gruppenspiel

Das witzige Klopapier

Wer liest sie nicht gerne, die gekritzelten Botschaften an Toilettentüren und -wänden? Ja sicher, dies ist nicht die korrekte Form, sich mitzuteilen! Aber wussten Sie, dass das stille Örtchen rasch und ohne Aufwand zum lustigen Kommunikationsort werden kann? Und zwar auf ganz korrekte Weise! Dazu bedarf es nur einer Klopapierrolle und eines Stiftes. Nun kann jeder Besucher seine Botschaft auf dem nächsten Klopapierblatt hinterlassen. Aus eigener Erfahrung mit meinem Sohn weiß ich, dass meine Klobotschaften für ihn immer willkommene Leseübungen waren.

Tipp

Kinder, die noch nicht schreiben und lesen können, freuen sich über einen kleinen Smiley oder andere lustige Wesen.

Alter	ab 3 bis 99 Jahre
Zeit	1 – 2 Minuten
Sozialform	Einzelspiel

Familie Lachmal!

Zunächst bilden die Kinder – je nach Teilnehmerzahl – die Familie *Lachmal*. Es können auch mehrere Familien sein. Jede Gruppe besteht aus sechs lachenden Familienmitgliedern, die sich zunächst mit ihrer Lachvariante vorstellen:

- Vater *Lachmal* – lacht mit tiefer, dunkler Stimme
- Mutter *Lachmal* – lacht mit hoher, heller Stimme
- Zwillinge *Lachmal* – lachen immer gleichzeitig
- Oma *Lachmal* – lacht krächzend
- Opa *Lachmal* – ist schwerhörig und lacht daher immer etwas zu spät
- Papagei *Lachmal* – krächzt mehrmals „Wat soll dä Quatsch?“[97]

---

97 Der Papagei kommt ursprünglich aus einer Tierhandlung in Köln und rezitiert sehr gerne den Artikel 9 des Kölschen Gundgesetzes (→ Kap. 7)

Der Spielleiter erzählt oder liest den Kindern eine Geschichte vor, in der die verschiedenen Familienmitglieder des öfteren erwähnt werden. Wird eine bestimmte Person z. B. Mutter *Lachmal* genannt, steht sie auf und lacht mit hoher, heller Stimme. Wird die ganze Familie *Lachmal* genannt wird, so lachen alle Familienmitglieder in ihren unterschiedlichen Lachvarianten und der Papagei krächzt gleichzeitig seinen kölschen Spruch.

Tipp

Gerne werden die Kinder neue Familienmitglieder mit anderen Lachvarianten erfinden.

Alter	ab 3 bis 9 Jahre
Zeit	ca. 5 Minuten
Sozialform	Gruppenspiel
Material	erfundene Geschichte über Familie Lachmal

Die Verwandlung

Je weniger wir uns ärgern, umso mehr haben wir Zeit für Humor! Der amerikanische Humortrainer John Morreall behauptet, Ärger und Humor könnten in unserem Gehirn nicht gleichzeitig funktionieren! Aber ist Ärger auf Knopfdruck abstellbar und Humor einstellbar? Hierfür gibt es eine wunderbare Übung: Schütten Sie, wenn Sie sich über etwas oder jemanden aufgeregt haben, einem vertrauten Mitmenschen Ihr Herz aus. Erzählen Sie ihm die ärgerliche Geschichte. Wenn Ihr Zuhörer auch noch eine eigene Wut-Geschichte loswerden möchte, umso besser!

Nun kommt der erstaunliche Verwandlungseffekt, denn jetzt erzählen Sie Ihre Geschichte ein zweites Mal; diesmal lassen Sie jedoch alle darin vorkommenden „S" weg. Nun klingt alles schon viel lustiger: „Wei … Du, wa … mir pa…iert i…t?" und Ihre Wut verfliegt wie von selbst!

Alter	ab 8 bis 99 Jahre
Zeit	5 – 10 Minuten
Sozialform	Paarspiel

Die Spagetti-Akrobaten

Alle Kinder mögen es, Spagetti zu essen, und als Akrobaten noch viel mehr! Denn schließlich gibt es viele Methoden, wie Spaghetti in den Mund gelangen können:

- Wie isst ein Baby die Spagetti? – Mit den Fingern!
- Wie isst der Ohrenarzt die Spagetti? – Während er die Spaghetti in den Mund zieht, dreht er an seinen Ohren!
- Wie isst der Zahnarzt die Spagetti? – Mit den Zähnen ohne Besteck und ohne seine Finger zu benutzen.
- Wie isst der Chinese die Spagetti? – Mit Stäbchen!

Tipp

Wenn alle verschiedenen Spagetti-Esser an einem Tisch sitzen, wird's besonders lustig! Und sicher fallen den Kindern noch mehr Spagetti-Essmethoden ein.

Alter	ab 2 bis 6 Jahre
Zeit	ca. 5 Minuten
Sozialform	Einzel- oder Gruppenspiel
Material	Spagetti

Das Mimikorchester

Hierbei handelt es sich um eine Abwandlung des bewährten Spiels „Der unsichtbare Dirigent", aber diesmal geht es nicht um Instrumente sondern um Mimik. Alle Kinder sitzen im Kreis. Eines spielt den Detektiv und geht vor die Tür. Nun wird aus der Gruppe ein Kind als *Dirigent des Mimikorchesters* ausgesucht. Er gibt eine Mimik (aufgeplusterte Wangen, verdrehte Augen, staunende oder ängstliche Mimik usw.) vor, die nun alle Mitspieler nachahmen. Jetzt wird der Detektiv herein gerufen und erfährt vom Spielleiter: „Herzlich willkommen im berühmten Mimikorchester. Es hat allerdings ein Problem: Es findet seinen Dirigenten nicht! Du hast drei Versuche, um den Dirigenten zu erraten!" Immer wenn sich der Dirigent vom Detektiv unbeobachtet fühlt, wechselt er seine Mimik und alle machen es ihm nach. Die Orchestergruppe muss geschickt vorgehen und möglichst nicht zum Dirigenten schauen. Wenn der Detektiv das Rätsel gelöst hat, werden die Rollen gewechselt. Die witzigen Grimassen garantieren einen Riesenspaß!

Alter	ab 4 bis 10 Jahre
Zeit	ca. 5 Minuten
Sozialform	Gruppenspiel

Der Lachvirus geht um!

Alle Kinder legen sich so auf den Boden, dass ihr Kopf auf dem Bauch des Nachbarn liegt. Sie schließen ihre Augen und singen: „Dreht euch nicht herum, denn der Lachvirus geht um!" Der Spielleiter drückt mit seinem Finger auf die Nase eines Kindes. Sofort beginnt es zu lachen, automatisch vibrieren seine Bauchmuskeln, die wiederum den Kopf des anderen Kindes in Bewegung setzen. Es setzt eine Kettenreaktion ein, bei der alle Kinder Bauch für Bauch vom Lachvirus infiziert werden.

Alter	ab 2 bis 8 Jahre
Zeit	ca. 5 Minuten
Sozialform	Gruppenspiel

Der Lach-Nobelpreis

Warum fällt das Marmeladenbrot immer auf die Marmeladenseite? Warum wird es nachts dunkel? Warum wachsen meine Nägel und Haare? Hierfür gibt es viele kluge Antworten, aber diesmal geht's nicht um den gelehrten Forscherverstand, sondern um möglichst humorvolle Erklärungen. Übrigens: Forscher, die mit ihren Projekten die Leute zum Lachen bringen, erhalten in Harvard den sogenannten Ig-Nobelpreis[98] verliehen. Wie lustig es dabei zugeht, beweist der Sieger des Jahres 2007: Gewonnen hatte der Erfinder eines Teenager-Abwehrgerätes. Welches Kind würde nicht gerne am

---

98 Der Ig-Nobelpreis (engl. *ignoble:* unwürdig), der auch Anti-Nobelpreis genannt wird, ist eine satirische Auszeichnung, die von der Harvard-Universität in Cambridge (USA) für unnütze oder skurrile wissenschaftliche Arbeiten verliehen wird. Die Verleihung fand erstmals 1991 statt.

Lach-Nobelpreis-Wettbewerb teilnehmen, wenn es darum geht, die witzigsten Antworten auf Fragen aus der Wissenschaft, Geschichte oder anderen Themenbereichen zu finden. Eine tolle Schulung für mehr Humor!

Tipp

Sie sollten bei der Vergabe des Lach-Nobelpreises eine witzige Trophäe (z.B. die krumme Nase) verleihen. Auch hierfür haben die Kinder sicher viele kreative Einfälle.

Alter	ab 5 bis 99 Jahre
Zeit	5 – 10 Minuten
Sozialform	Gruppenspiel

Das Lach-Barometer

Diesmal spielt der Spielleiter einen Meteorologen, der die Wetterstimmungen vorhersagt. Alle Kinder sitzen im Kreis und folgen den Handzeichen des Meteorologen: Legt er seine Hände flach auf seine Oberschenkel, sind die Kinder ganz still. Doch sobald er seine Hände ein wenig anhebt, beginnen die Kinder zu kichern. Je höher der Meteorologe seine Hände hebt, desto lauter darf gelacht werden. Gehen seine Hände wieder nach unten, wird das Lachen wieder leiser. Der große Spaß stellt sich rasch ein, vor allem wenn die Lacher ganz schnell auf die Wettervorhersagen reagieren müssen: still – leise kichern – still – laut lachen usw. So kann eine lustige Lachsinfonie intoniert werden.

Variante

„Eure Hände sind mit einem starken Gummiband verbunden. Desto mehr ihr sie auseinander zieht, umso lauter lacht ihr!"

Alter	ab 3 bis 9 Jahre
Zeit	3 – 5 Minuten
Sozialform	Paar- oder Gruppenspiel

Lustige Zugfahrt

Die Kinder sitzen wie im Zug hinter- und nebeneinander. Über Lautsprecher (Spielleiter) hören sie: „Guten Tag, liebe Mitreisende. Unsere Fahrt geht heute von Lächelhausen über Kicherdorf bis nach Lachstadt. Wir wünschen eine gute Reise!" Im Laufe der Fahrt kündigt der Spielleiter jede Haltestelle an nach dem Motto „In wenigen Minuten erreichen wir Lächelhausen!" Desto näher die Kinder an die nächste Haltestelle heranfahren umso stärker wird ihr Lächeln, bzw. ihr Kichern und kurz vor Lachdorf bricht die ganze Fahrgemeinschaft in lautes Lachen aus.

Tipp

Sicher werden den Kinder noch mehr witzige Namen für weitere Haltestellen einfallen.

Alter	ab 3 bis 7 Jahre
Zeit	ca. 5 Minuten
Sozialform	Gruppenspiel

Das Stopp-Essen

Jede Mahlzeit kann zu einem lustigen Erlebnis werden, wenn der Spielleiter plötzlich „Stopp!" ausruft. Sofort müssen alle Esser erstarrt innehalten, egal in welcher Körperhaltung und Gesichtsmimik!

Alter	ab 3 bis 7 Jahre
Zeit	ca. 5 Minuten
Sozialform	Paar- oder Gruppenspiel

Der Elektriker

Zunächst verlässt ein Kind den Raum, es wird später in der Rolle des Elektrikers wieder hereingerufen. Die anderen Kinder sitzen im Kreis und geben sich die Hände. So stellen sie einen Stromkreis her und summen leise. An einer vorher ausgewählten Stelle der Händekette ist die Stromleitung defekt. Der nun hereingerufene Elektriker prüft die Stromzufuhr, indem er mit einem Stab jedes Kind berührt. Berührt er das vorher ausgesuchte Kind – also die defekte Stromleitungsstelle – dann schreien alle Kinder lauthals. Jetzt ist es an der Zeit, den Elektriker auszuwechseln.

Variante

„Stell dir vor, dass deine Hand mit Lach-Starkstrom geladen ist. Sobald du ein Kind aus der Gruppe berührst, entlädt sich dein Lachstrom, und plötzlich lacht es herzhaft."

Alter	ab 3 bis 8 Jahre
Zeit	ca. 5 Minuten
Sozialform	Gruppenspiel

Das Wunderlächeln

Wie wäre es, wenn Sie ab und zu mal vor sich hin lächeln würden. Das bewirkt wahre Wunder, denn das kleine mimische Muskelspiel Ihres Gesichtes vermag den Blutstrom Ihres Gehirns zu beeinflussen. So können Sie sich rasch selbst in eine angenehmere mentale Stimmung versetzen. Eine kleine aber wirkungsvolle Übung vor allem an einem grauen Montagmorgen oder abends beim Einschlafen, wenn uns dunkle Gedanken plagen!

Variante

„Kinder, schließt bitte die Augen und konzentriert euch auf eure Atmung. Versucht nun ein kleines Lächeln auf eure Lippen zu zaubern. Denkt dabei an etwas Lustiges. Wie fühlt ihr euch dabei?"

Alter	ab 3 bis 99 Jahre
Zeit	1 Minute
Sozialform	Einzel-, Paar- oder Gruppenspiel

Die lachenden Boxer

„Tänzelt wie weltberühmte Boxer durch den Raum und schlagt zunächst einen imaginären Gegner im Stil des Schattenboxens. Mit jedem Links- und Rechtsschlag stoßt ihr lauthals ein intensives aus der Kehle kommendes *hha ... hha hha ... hha* aus."

Tipp

Als lachende Boxer können die Kinder sehr gut ihre Aggressionen abbauen.

Variante

Es können auch zwei Boxer gegeneinander antreten, wobei folgende Regeln gelten: Keine Berührung und bei jedem Schlag laut auflachen!

Alter	ab 5 bis 12 Jahre
Zeit	ca. 5 Minuten
Sozialform	Einzel- oder Paarspiel
Material	evtl. Boxhandschuhe

Indianer lachen nicht!

Zwei Indianerstämme (zwei Gruppen) stehen sich in zwei Reihen mit dem Gesicht einander zugewandt gegenüber. „Eure Stämme sind vom Aussterben bedroht, und sie versuchen nun, sich gegenseitig Stammesangehörige abzuwerben. Jeder Indianer seines Stammes muss eine Lach-Mutprobe absolvieren, d.h. nacheinander gehen die Stammesangehörigen mit ernster Miene am gegnerischen Stamm vorbei, wobei ihr euch in die Augen schauen müsst. Durch lustige Fratzen, Grimassen und Gekicher versucht ihr, den vorbeigehenden Indianer zum Lachen zu bringen. Wer lacht, muss seinen Stamm verlassen und sich in die gegnerische Indianergruppe einreihen. Gelingt es euch nicht, dem vorbeigehenden Indianer ein Lächeln oder Lachen abzuringen, so darf er in seinen Stamm zurückkehren." So wechseln sich beide Indianerstämme ab, bis ein Stamm aufgelöst ist oder der Spielleiter das Ende festsetzt.

Tipp
Die Kindergruppen sollten sich Namen von Indianerstämmen geben z. B. Lakota, Apachen, Cheyenne oder Sioux.

Alter	ab 4 bis 8 Jahre
Zeit	ca. 5 bis 10 Minuten
Sozialform	Gruppenspiel

Lustiges Simsen

Die Kinder sitzen sich in zwei Reihen gegenüber, halten sich in jeder Reihe an den Händen fest und bilden so eine SMS-Leitung. „Ich zeige euch nacheinander verschiedene Bilder. Wenn ihr ein Haustier erkennt, dann drückt rasch die Hand eures Nachbarn, der diesen Handdruck wiederum an seinen Nachbarn weitergibt usw. bis die SMS-Nachricht beim letzten Spieler eurer Reihe angekommen ist. Dieser greift so rasch wie möglich nach dem Schlüsselbund, den ich im gleichen Abstand zwischen den beiden letzten Spielern eurer Reihen gelegt habe. Wenn es kein Haustier ist, so dürft ihr auch keine Nachricht weitergeben, also eure Hände nicht drücken!" Der Spielleiter hat zwei Kartenstapel mit gleichen Bildern (z. B. Tiere, Buchstaben oder Wörter) vorbereitet. Gleichzeitig und in gleicher Reihenfolge hält er je eine Karte in Richtung der beiden ersten Kindern einer jeden Reihe hoch. Ein spannender SMS-Wettlauf beginnt!

Tipp
Selbstverständlich können Sie die Anweisungen variieren z. B. „Bitte simst rasch, wenn ihr einen Vokal, ein Säugetier, einen Küchengegenstand usw. erkennt!"

Alter	ab 5 bis 9 Jahre
Zeit	ca. 5 Minuten
Sozialform	Gruppenspiel
Material	Zwei Kartenstapel mit gleichen Bildern

Bleib in Stimmung!

Zunächst notiert der Spielleiter auf Zetteln verschiedene Lachvarianten (z. B. lächeln, kichern, lachen, lauthals lachen usw.) und ernste Gefühlsstimmungen (streng, ärgerlich, beleidigt, boshaft usw.). „Wir spielen nun ein kleines Rollenspiel. Stellt euch vor, ein Lehrer und ein Schüler halten eine mündliche Prüfung ab." Nun zieht eines von zwei Kindern verdeckt einen Zettel mit einer Lachvariante und das andere Kind einen Zettel mit einer ernsten Gefühlsstimmung. „Bitte zieht euch ein paar Minuten zurück, und bereitet euch auf eure Rolle vor." Nach kurzer Bedenkzeit spielen beide Kinder die Prüfungssituation und zwar in konträren Stimmungslagen z. B. trifft der ärgerliche Lehrer auf einen ständig kichernden Schüler. „Versucht bei eurem Rollenspiel die vorgegebene Stimmung beizubehalten!"

Variante

Viele Rollenspielvarianten sind möglich z. B. Mutter und Kind beim Frühstück, Kunde und Verkäufer, Busfahrer und Fahrgast, Redner und Publikum usw.

Alter	ab 8 bis 12 Jahre
Zeit	ca. 5 Minuten
Sozialform	Paar- oder Gruppenspiel
Material	vorbereitete Zettel mit Lachvarianten und ernsten Gefühlsstimmungen

Die lustige Post

Die Kinder sitzen im Kreis. Der Spielleiter gibt ihnen verschiedene Gegenstände, die rasch und zuverlässig auf verschiedenen Postwegen und in beiden Richtungen weiter kreisen müssen:

1. Ein Normalbrief – kleinen Ball weitergeben
2. Ein Eilbrief – Igelball sehr schnell weiterreichen
3. Ein Werbebrief – großen Ball mit Füßen treten
4. Ein Liebesbrief – kleinen Briefumschlag küssen und dann liebevoll weiterreichen

5. Ein Luftpostbrief – Softball oder Luftballon zuwerfen
6. Ein Einschreiben – kleinen Ball von Kinn zu Kinn weiterreichen (ohne Hände!)
7. Ein Sperrgut – ein großer, sperriger Karton macht die Runde
8. Etwas Zerbrechliches – z. B. Flasche oder Glasschüssel vorsichtig weiterreichen

Tipp

Zu Beginn läuft die Postzustellung langsam an. Wenn die Kinder geübt sind, kann der Zeitdruck erhöht werden z. B. „Diesmal haben wir Weihnachtspost, die rasch und pünktlich ankommen muss!"

Variante

Für Profis: Während der stressigen Postzustellung wechselt ein Käppi (Schirmmütze) von Kopf zu Kopf nach dem Motto „Wir haben einen neuen Zweigstellenleiter!"

Alter	ab 4 bis 10 Jahre
Zeit	ca. 5 Minuten
Sozialform	Gruppenspiel
Material	verschiedene Postgegenstände, evtl. ein Käppi

Der komische Doppelgänger

Die Spieler stehen paarweise im Raum oder in der freien Natur. Einer spielt die Rolle des Vorbildes und der andere die des Doppelgängers. Das heißt, er muss seinem Vorbild alles nachmachen z. B. verrückte Bewegungen, komische Grimassen und Laute oder gar peinliche Dinge, die man sonst in der Öffentlichkeit nicht machen würde z. B. laute Pupsgeräusche, Zunge rausstrecken usw.

Alter	ab 2 bis 6 Jahre
Zeit	3 – 5 Minuten
Sozialform	Paarspiel

Meine Oma ist krank!

Plötzlich behauptet ein Kind „Meine Oma ist krank!" Sein Nachbar fragt „Was hat sie denn?", und er erhält als Antwort „Sie hat einen schiefen Mund." Nun wendet sich dieses Kind mit einer schiefen-Mund-Mimik an seinen Nachbarn und behauptet seinerseits „Meine Oma ist krank!" Wieder kommt die Frage „Was hat sie denn?" Antwort: „Sie hat einen schiefen Mund und eine runzelige Stirn". Und so geht es immer weiter, wobei jedes Kind im Dialog eine weitere Mimik oder Gestik (wackelt mit dem Po, rudert mit den Armen) hinzufügt. Die Oma wird also Grimassen schneidend und zappelnd immer kränker.

Anmerkung

Dieses Spiel entstand in Anlehnung an das bewährte Spiel „Ich packe meinen Koffer". Aber anstelle der Kleidungsstücke werden hier Mimik und Gestik weitergegeben.

Alter	ab 3 bis 9 Jahre
Zeit	ca. 5 Minuten
Sozialform	Gruppenspiel

Der schwebende Zollstock

Acht bis zehn Kinder stellen sich in einer Gasse auf und halten jedes mit einer Fingerkuppe einen aufgeklappten Zollstock. Ihr Auftrag lautet: „Bringt den Zollstock gerade auf den Boden." Klingt einfach, aber hier ist viel Geschick gefragt und das Lachen garantiert!

Alter	ab 5 bis 99 Jahre
Zeit	3 – 5 Minuten
Sozialform	Gruppenspiel
Material	1 Zollstock

Die Lach-Pantomimen

Zwei Mannschaften treten gegeneinander an. Es geht darum, witzige Begriffe (z. B. Kichererbse, Tränenlachen, in die Hose machen vor Lachen usw.) pantomimisch prägnant darzustellen, damit die Mitspieler den Begriff rasch erraten können. Die Mannschaft, welche die meisten Begriffe in einer festgelegten Zeit errät, gewinnt.

Tipp

Weitere witzige Redewendungen finden Sie im Kap. 7 „Die kleine Schatztruhe des Lachens" unter der Überschrift „Was Sie mit dem Lachen alles machen können".

Alter	ab 8 bis 12 Jahre
Zeit	10 – 30 Minuten
Sozialform	Gruppenspiel

Sitzfußball

Diesmal sitzen die Fußballer im Stuhlkreis. Der Spielleiter gibt in die Mitte einen Ball hinein. „Nun könnt ihr mal sitzend Fußball spielen, aber keiner von euch darf dabei, seinen Po vom Stuhl hochheben oder sich auf dem Stuhl abstützen, um sich nach vorne zu beugen!"

Tipp

Wenn Sie einen harten Ball ins Spiel bringen, sind Hochschüsse verboten. Diese sind nur mit einem Schaumstoffball erlaubt.

Alter	ab 5 bis 99 Jahre
Zeit	5 – 10 Minuten
Sozialform	Gruppenspiel
Material	Ball

Turbulente Busfahrt

Die Kinder sitzen im Stuhlkreis. Eines steht auf, gibt seinen Platz frei und stellt sich in die Mitte. „Liebe Kinder, wir sitzen alle im turbulenten Bus. In der Mitte steht ein neuer Fahrgast, der sich gerne hinsetzen würde. Aber wir werden versuchen, dies zu verhindern. Wenn der Stuhl rechts neben euch frei ist, dann rückt das nächste Kind auf diesen Stuhl und ruft „Ich fahre Bus!" Auf seinen nun frei gewordenen Stuhl rückt das nächste Kind auf und ruft „Ich fahre mit!" Der dritte Fahrgast rückt auf und ruft „Ich fahre schwarz!" So rücken Stuhl für Stuhl immer drei Fahrgäste auf die rechts neben ihnen frei werdenden Stühle auf. Der jeweils vierte Fahrgast jedoch bleibt auf seinem Platz sitzen, legt rasch seine Hand auf den freien Stuhl rechts neben ihm und ruft „Ich wünsche mir die/den .... (Name eines Wunschnachbarn) hierhin." Der gerufene Wunschnachbar wechselt rasch seinen Platz und schon beginnt die turbulente Busfahrt an einer anderen Stelle des Stuhlkreises. Das stehende Kind muss während der Plätzetauscherei natürlich immer versuchen, einen frei gewordenen Sitzplatz für sich zu erobern.

Tipp

Bitte erklären Sie den Kindern diese Regel: „Es ist verboten, sich auf einen Stuhl zu setzen, wenn schon die Hand des Nachbarn darauf liegt, denn das tut weh!"

Alter	ab 5 bis 10 Jahre
Zeit	ca. 5 Minuten
Sozialform	Gruppenspiel

Das lachen wir einfach weg!

Jedes Kind erlebt tagtäglich kleine Missgeschicke, z. B. fällt es hin oder stößt sich, die wir nicht nur tröstend *wegpusten* sondern auch mal *weglachen* können nach dem Motto „Komm, wir beide lachen das einfach weg!" Dies geht natürlich nur, wenn der Vorfall nicht zu schwer wiegend oder schmerzhaft war.

Tipp

So erfahren Kinder, dass sie nicht jeden kleinen Fehler und jede Ungeschicklichkeit ernst nehmen müssen und Humor so manches Problem auflösen kann. Vor allem lernen sie, über sich selbst zu lachen.

Alter	ab 1 bis 6 Jahre
Zeit	1 Minute
Sozialform	Einzelspiel

Tanz, Hütchen tanz!

Nur zu gerne verkleiden sich Kinder mit modischen Accessoires von Erwachsenen. Und Hüte sind dabei der Renner! Die Kinder stehen oder sitzen im Kreis. In der Kreismitte tippelt vornehm ein Kind mit einem Hut auf dem Kopf. Dazu singen alle Kinder:

„Ich habe eine Tante,
die Tante, die ist gut.
Sie kauft sich jeden Tag
einen neuen Hut.
Um den schicken Fetzen,
ja nicht zu verletzen,
wird sie ihn dem nächsten
auf das Köpfchen setzen!"

Nun setzt das tanzende Kind den Hut auf den Kopf eines anderen Kindes. Und schon steht eine neue Tante in der Kreismitte.

Alter	ab 2 bis 6 Jahre
Zeit	ca. 5 Minuten
Sozialform	Gruppenspiel
Material	Hut

Lachende Lebensmittel

Aus Obst und Gemüse können Kinder ganz rasch witzige Gesichter basteln nach dem Motto „Ein Lächeln wartet überall auf uns!" So können in eine Birne zwei Augen aus zwei Johannisbeeren, eine kleine Erdbeere als Knollennase und ein lachender Mund mit Rosinen gedrückt werden. Auch in der freien Natur können sich Kinder auf die Suche nach witzigen Gesichtern z. B. an Baumrinden oder am Wolkenhimmel begeben.

Tipp

Wunderbare Ideen für lachende Lebensmittel finden Sie hier:

- Francois und Jean Robert: Gesichter. Hildesheim 2005
- Zeitschrift „Unsere Kinder", Heft 3, 2007 (www.unserekinder.at)

Alter	ab 3 bis 6 Jahre
Zeit	10 – 15 Minuten
Sozialform	Einzelspiel

Der Gänse-Po-Tanz

Die Kinder stehen im Kreis und in ihrer Mitte steht das *Gänslein.* Alle singen:

„Ein kleines graues Gänslein,
das wandert durch die Welt.
Es wackelt mit dem Po, oho,
ganz wie es ihm gefällt!"

Das Gänslein tanzt mit dem Po wackelnd und fordert nacheinander seine Mitspieler zum Tanz auf, bis alle Po wackelnd und herzhaft lachend durch den Raum tanzen.

Alter	ab 2 bis 6 Jahre
Zeit	3 – 5 Minuten
Sozialform	Gruppenspiel

Paula Pups

Alle Kinder finden Pupse ausgesprochen witzig. Hier haben sie die Gelegenheit, nach Herzenslust darüber zu lachen. Die Kinder sitzen im Stuhlkreis und eines geht vor die Tür. In seiner Abwesenheit bestimmen die Kinder, wer von ihnen *Paula Pups* heißen darf. Nun wird das draußen stehende Kind herein gerufen. Es tippt jedes Kind mit dem Finger auf die Schulter und fragt: „Wie heißt du?“ Die Kinder nennen ihre Namen. Tippt es allerdings *Paula Pups* an, so darf sie einen lauten Pups (mit dem Mund!) loslassen.

Alter	ab 3 bis 6 Jahre
Zeit	ca. 3 Minuten
Sozialform	Gruppenspiel

Knuddel und Krabbel

Kleinkinder lachen vor allem bei witzigen Körperkontakt-Situationen. Erfinden Sie doch einfach eine kleine Geschichte von Knuddel und Krabbel, die sich auf eine spannende Körperreise begeben und dort lustige Kitzel-Landschaften (z. B. unter den Achselhöhlen, hinter den Ohren, in der Taille) entdecken.

Tipp

Diese Knuddel-Krabbel-Kitzel-Körperreise kann auch paarweise gespielt werden. Mit einem Igelball oder einer Feder wird sie zu einem besonders lustigen Erlebnis.

Alter	ab 1 bis 5 Jahre
Zeit	ca. 3 Minuten
Sozialform	Einzel-, Paar- oder Gruppenspiel

Lippen-Twist

Ich kenne kein Kind, das hierbei nicht lacht: „Summe ein Lied und berühre währenddessen deine Lippen mit zwei Fingern, bewege sie beim Summen in unterschiedlichem Takt."

Variante

Beim Lippen-Twist können die Kinder auch Mal versuchen, miteinander zu sprechen.

Alter	ab 1 bis 5 Jahre
Zeit	2 Minuten
Sozialform	Einzel-, Paar- oder Gruppenspiel

Mäuschen aus dem Häuschen

Dieses kleine Zungenspiel löst bei allen Kleinkindern ein flehentliches „Noch mal!" aus.

„Kommt ein Mäuschen	
aus dem Häuschen,	*Zunge raus*
schaut nach rechts	*Zunge zeigt nach rechts*
schaut nach links	*Zunge zeigt nach links*
dann ging's!"	*Zunge kreist über Unter- und Oberlippe*

Variante

Übrigens: Das Mäuschen kann unterschiedlich gelaunt aus dem Häuschen kommen, z. B. als müdes oder zappeliges Mäuschen. Den jeweiligen Launen entsprechend bewegt sich dann die Zunge.

Alter	ab 1 bis 3 Jahre
Zeit	1 Minute
Sozialform	Einzel-, Paar- oder Gruppenspiel

Wenn Eier laufen

Sicher kennen Sie diese lustige Übung noch aus Ihren Kindertagen: Ein Spieler legt einem Mitspieler ein (imaginäres) Ei auf den Kopf, in dem er seine Faust auf den Kopf drückt. Mit der Fläche seiner zweiten Hand schlägt er das Ei auf. Langsam gleiten nun seine Finger fächerartig über die Kopfhaut, so als würde das Ei auslaufen.

Variante

Übrigens: Dieser Eierlauf kann auch in der Gruppe von Kopf zu Kopf – sozusagen als Omelett – weitergegeben werden.

Alter	ab 2 bis 8 Jahre
Zeit	1 Minute
Sozialform	Paar- oder Gruppenspiel

Der Empfang

Die Spieler stehen im Raum und erfahren vom Spielleiter: „Heute nehmen wir an einem großen Empfang teil. Bitte schüttelt euch freundlich lächelnd gegenseitig die Hände. Versucht so viele Hände wie möglich zu schütteln und achtet darauf, dass ihr unterwegs nicht euer Lächeln verliert!"

Variante

Mit einem Lächeln auf den Lippen können die Kinder auch mal in einen Supermarkt gehen oder in eine Buchhandlung, um zu schauen wie ihre Mitmenschen darauf reagieren.

Alter	ab 2 bis 6 Jahre
Zeit	ca. 5 Minuten
Sozialform	Gruppenspiel

Unser Humorbuch

Was wissen wir Erwachsene schon über Kinderwitze oder worüber Kinder gerne lachen! Zapfen Sie doch mal den kreativen Humorschatz Ihrer Gruppe bzw. Klasse an. Vereinbaren Sie einen Termin (Redaktionsschluss) an dem die Kinder ihre humorvollen Manuskripte (Comics, Witze, lustige Zeichnungen oder Geschichten usw.) abgeben. In der anschließenden Redaktionskonferenz, der gewählte Kinder angehören, werden die besten Manuskripte besprochen und entschieden, welche zum Druck freigegeben werden. Und schon kann das Humorbuch als Gemeinschaftswerk hergestellt und beim nächsten Kindergarten- oder Grundschulfest verkauft werden.

Variante

Eine Humorzeitung, die in regelmäßigem Abstand erscheint, macht Kindern sicher auch großen Spaß.

Alter	ab 5 bis 12 Jahre
Zeit	Termin legt Spielleiter fest
Sozialform	Gruppenspiel

He, Noberschel!

Bei diesem Kreisspiel bleibt kein Auge trocken! Die Spieler sitzen an Tischen. Einer beginnt und sagt zu seinem Nachbarn in norddeutschem Platt

„He, Noberschel:	
Mak ma mit een Finger ping, ping	*Mit rechtem Zeigefinger auf Tischkante klopfen*
mit'n annern schrupp, schrupp	*Mit linkem Zeigefinger über Tischkante hin und her gleiten*
een oog to	*Ein Auge schließen*
Mul scheip	*Einen Mundwinkel schief halten*
un mit'n Hinnersten wuppdich, wuppdich!"	*Den Po vom Stuhl auf und ab heben*

Diese Sätze und Bewegungen werden sukzessiv von Nachbar zu Nachbar weitergegeben, wobei alle vorherigen Sätze wiederholt und alle vorherigen Bewegungen beibehalten werden.

Tipp
Pro Kreisspiel sollte die Gruppe nicht größer als 10 Personen sein.

Alter	ab 6 bis 99 Jahre
Zeit	5 – 10 Minuten
Sozialform	Gruppenspiel

Lustige Geschichten und Gedichte

Die Feder

Ein Federchen flog über Land.
Ein Nilpferd schlummerte im Sand.

Die Feder sprach: „Ich will es wecken".
Sie liebte, andere zu necken.

Aufs Nilpferd setzte sich die Feder
und streichelte sein dickes Leder.

Das Nilpferd öffnete den Rachen
und musste ungeheuer lachen.
Joachim Ringelnatz

Wenn Thunfische Walfische treffen

Ein Thunfisch trifft einen Walfisch und fragt ihn: „Was sollen wir tun, Fisch?"
Da antwortet der Walfisch dem Thunfisch: „Du hast die Wahl, Fisch."

De Unnerschied – Der Unterschied

*Saun Fremm uter Stadt,
de jung mal spaziern.
Da seih' hei öwwer seck ne
Lereke jubeliern,
un unde opper Wiesche,
drummrumme war en Tuhn,
het Käuhe egraset,
schwartwitt un deihls brunn.*

*Un wie hei sau stund, da denket hei,
in dä Welt awer ok allet vorrdreiht.
De Voggel, de is man sau bannich klein,
awer de kann in dä Luft rummflein.
De Kauh dajejen, dat grote Dier,
dat hat blot ne kleine Wiesche hier.*

*Un wie'e sau denket un öwwerlecht,
Leiht de Voggel wat falln.
Un dat war schlecht,
un war öhne ganz un gar nich recht.
Hei kreich et midden in't Jesichte.
Denn schüddele hei seck
un wische seck aff dä Jeschichte.*

*Un wie hei sinnich is wie eregahn,
da sechte tau seck in alle Stille,
et is woll doch dän Herrn sien Wille,
dat ne Kauh nich flein kann!*

Ein Fremder aus der Stadt,
der ging einmal spazieren.
Da sah er über sich eine Lerche jubilieren,

und unten, auf der Wiese,
um sie herum war ein Zaun,
haben Kühe gegrast,
schwarzweiß und teils braun.

Und wie er so stand, dachte er:
In der Welt ist aber auch alles verdreht.
Der Vogel, der ist doch so klein,
aber der kann in der Luft umher fliegen.
Die Kuh hingegen, das große Tier,
das hat nur eine kleine Wiese hier.

Und wie er so denkt und überlegt
ließ der Vogel etwas fallen.
Und das war schlecht,
und war ihm ganz und gar nicht recht.
Er bekam es mitten ins Gesicht.
Er schüttelte sich
und wischte sich ab die Geschichte.

Und als er sinnend weiterging,
da sagte er sich in aller Stille,
es sei wohl doch des Herrn Wille,
dass eine Kuh nicht fliegen kann!

Volksgut, Huymundart (ostfälisches Platt) übersetzt von W. Haberland und S. Blumeyer

Kicherfritzen

Habt ihr das schon mal gemacht:
ohne jeden Grund gelacht?
Na, wie steht's? Ich glaube sicher,
dass ihr dieses Lachen kennt,
das man allgemein Gekicher nennt.

Wie entsteht so etwas bloß?
Es entsteht nicht. Es geht los!
Eben noch tat keiner mucksen.
Fritz beginnt herumzudrucksen.
Paul hat sich paterre gesetzt,
denkt nichts Böses, hört sie juxen
und bekichert sich zuletzt.

Schließlich platzen sie vor Lachen.
Und sie meckern wie die Ziegen,
bis sie fast am Boden liegen.
Und sie finden es zu dumm!
Doch da lässt sich gar nichts machen,
und sie meckern und sie lachen,
und sie wissen nicht warum.

Keiner sieht den andern an,
denn sonst würde es noch schlimmer.
Und das Kichern wird Gewimmer.
Mutter sitzt im Nebenzimmer
und bleibt ernst, so gut sie kann.
Kichern strengt genauso an
wie ein Tausend-Meter Lauf.

Und so leise, wie's begann,
hört es auf.

Erich Kästner

Die Zelle

Das Leben entspringt auf alle Fälle
aus einer Zelle.
Doch manchmal endet's auch bei Strolchen
in einer solchen.
Heinz Erhardt

Die Nase

Wenn gleich die Nas, ob spitz, ob platt,
zwei Flügel – Nasenflügel – hat,
so hält sie doch nicht viel vom Fliegen,
nein, das Laufen scheint ihr mehr zu liegen.
Heinz Erhardt

Drei Bären

Ein Brombär, froh und heiter, schlich
durch einen Wald. Da traf es sich,
dass er ganz unerwartet, wie's
so kommt, auf einen Himbär stieß.
Der Himbär rief – vor Schrecken rot –
„Der grüne Stachelbär ist tot!
Am eignen Stachel starb er eben!"
„Ja", sprach der Brombär, „das soll's geben!",
und trottete – nun nicht mehr heiter –
weiter ...
Doch als den „Toten" er nach Stunden
gesund und munter vorgefunden,
kann man wohl zweifelsohne meinen:
Hier hat der andre Bär dem einen
'nen Bären aufgebunden!
Heinz Erhardt

Lustige Rätsel und Reime

Welche Sprache spricht man in der Sauna?
Schwitzerdeutsch!

Wie nennt man einen Bär, der schreiend auf einer Kugel sitzt?
Kugelschreibär!

Was macht 999 mal „tick“ und einmal „tack“?
Ein Tausendfüßler mit Holzbein!

Warum können Skelette nicht lügen?
Weil man sie leicht durchschauen kann!

Was macht eine Wolke, wenn sie einen Juckreiz verspürt?
Sie sucht sich einen Wolkenkratzer!

Woran erkennt man einen freundlichen Motorradfahrer?
An den Fliegen zwischen den Zähnen!

Lustige Zungenbrecher

Hinter Hermanns Hannes Haus
hängen hundert Hemden raus,
hundert Hemden hängen raus
hinter Hermanns Hannes Haus.

Zwanzig Zwerge
zeigen Handstand,
zehn im Wandschrank
zehn am Sandstrand.

Wenn Schnecken an Schnecken schlecken,
merken Schnecken zu ihrem Schrecken,
dass Schnecken nicht schmecken.

Der Cottbusser Postkutschenputzer
putzt den Cottbusser Postkutschenkasten.

Brautkleid bleibt Brautkleid
und Blaukraut bleibt Blaukraut.

Ich spreche nicht mit dir,
dein Hemd ist aus Papier,
deine Hose ist aus Blech,
du bist mir viel zu frech.

Es klapperten
die Klapperschlangen,
bis ihre Klappern
schlapper klangen.

Tipp

Gerne erfinden die Kinder Reime zu ihrem Namen z. B. Klaus, der hat 'ne Maus! Übrigens: Normale Sätze werden mit einem Korken im Mund ganz von selbst zu Zungenbrechern.

Drehworte – Wrehdorte

Brezel braten – Rätsel raten
Bußfall – Fußball
Buhlstein – Stuhlbein
Fatzenkutter – Katzenfutter
Fischmutter – Mischfutter
Flimmerziege – Zimmerfliege
Flinktrasche – Trinkflasche
Fluhkecken – Kuhflecken
Göbelmutschein – Möbelgutschein
Grillenbläser – Brillengläser
Humpfstrose – Strumpfhose
Kleistermasse – Meisterklasse
Knittschäse – Schnittkäse
Koxbampf – Boxkampf
Laschentampe – Taschenlampe
Laschwappen – Waschlappen
Lathemehrer – Mathelehrer

Leisereiter – Reiseleiter
Lesterschwein – Schwesterlein
Lokoschade – Schokolade
Maushauer – Hausmauer
Metterschling – Schmetterling
Miefstütterchen – Stiefmütterchen
Moptodel – Topmodel
Mottenschuster – Schottenmuster
Mulschappe – Schulmappe
Nauchbabel – Bauchnabel
Peihnachtswarty – Weihnachtsparty
Pomcuter – Computer
Qualkappe – Kaulquappe
Rinderkutsche – Kinderrutsche
Rondmeise – Mondreise
Rorndöschen – Dornröschen
Sartoffelkuppe – Kartoffelsuppe
Schidlatten – Lidschatten
Schmalsherzen – Halsschmerzen
Schmopfkerzen – Kopfschmerzen
Schnürtelgalle – Gürtelschnalle
Singelrocken – Ringelsocken
Spinderkielzeug – Kinderspielzeug
sterngefeuert – ferngesteuert
Stippenlift – Lippenstift
Stummigiefel – Gummistiefel
Stutterbulle – Butterstulle
Suckrack – Rucksack
Sudelnuppe – Nudelsuppe
Teichwanne – Weichtanne
Vumenblase – Blumenvase
Weeschnittchen – Schneewittchen
Zaschendrahtmaun – Maschendrahtzaun

Tipp

Besonders witzig wird es, wenn die Kinder die Anfangsbuchstaben ihres Vor- und Nachnamens vertauschen z. B.

Schichael Muhmacher – Michael Schuhmacher
Schlaudia Ciffer – Claudia Schiffer
Larmaine Chiebertz

Lustige Abzählreime

Ich und du,
Müllers Kuh,
Müllers Esel,
das bist du!

Auf dem Berge Sinai
wohnt der Schneider Kickriki.
Schaut mit seiner Brille raus:
Eins – zwei – drei
und du bist raus!

Humpel, wackel, wackel,
da läuft ein kleiner Dackel.
Jetzt läuft er in das Haus,
und du bist raus!

Henriette,
gold'ne Kette,
gold'ner Schuh
raus bist du!

Hinterm Kuhstall
spielt ein Ochse Fußball.
Keiner hat's gesehn
und du darfst gehen!

Itzi bitzi, Silberschnitzi.
Itzi Bitzi Burz.
Der Teufel lasst a Furz.
Steckt ihn in 'ne Schachtel rein
und schenkt sie der Frau Lurz.
Frau Lurz macht auf,
der Furz springt raus
und du bist aus.

In einer Eisenbahn fuhr eine Dick-
madam.
Die Eisenbahn, die krachte,
die Dickmadam, sie lachte.
Eins – zwei – drei
und du bist frei!

Eins – zwei – drei
Butter in den Brei.
Salz auf den Speck,
und du bist weg!

Eins – zwei – drei
auf dem Klavier
läuft eine Maus
und du bist raus!

Hasenspeck und Hasendreck,
Eins – zwei – drei
und du bist weg!

Auf einem bi-ba-bunten Berge
wohnen bi-ba-bunte Zwerge.
Und die bi-ba-bunten Zwerge
haben bi-ba-bunte Kinder.
Und die bi-ba-bunten Kinder
essen jeden Tag ein Ei:
Eins, zwei, drei,
und du bist frei!

Zwei – vier – sechs – acht
der Geist spukt in der Nacht.
Er heult durchs alte Treppenhaus,
und du springst aus dem Bett heraus!

Eine kleine Spitzmaus
lief ums Rathaus,
wollte sich was kaufen,
hatte sich verlaufen,
kam die Mutter mit dem Stock,
haut sie auf den Unterrock.
Unterrock war lose,
haut sie auf die Hose.
Hose war kaputt,
und du bist futt!

Eins – zwei – drei
die Henne legt ein Ei.
Sie setzt sich auf das Ei hinauf,
da schlüpft ein gelbes Küken raus.
Eins – zwei – drei
und du bist frei!

Lachyoga-Übungen

**Humor ist eine famose Turnübung,
die darin besteht,
sich selbst auf den Arm zu nehmen.**
Theo Lingen

Vielleicht haben auch Sie, lieber Leser, im stressigen Alltag ein wenig das Lachen verloren. Würden Sie gerne Ihre angeborene Fähigkeit zu lachen wieder in vollen Zügen genießen?

Sie können es trainieren und zwar mit Lach-Yoga. Aber bevor ich Ihnen einige Übungen vorstelle, sollen Sie mehr über die Entstehung dieser neuen Lachmethode erfahren.

Aus den Techniken des Yogas und den Erkenntnissen der Lachforschung (Gelotologie) entwickelten 1995 der indische Allgemeinmediziner Madan Kataria und seine Frau Madhuri Kataria eine neue Therapieform, das sogenannte *Hasya Yoga* bzw. Lachyoga. In den Anfängen traf er sich mit Interessierten in öffentlichen Parks in Bombay, wo man sich lustige Geschichten und Witze erzählte. Irgendwann fielen den Lachwilligen keine neuen Späße mehr ein, so dass Kataria auf die Idee kam, Yoga und Lachen miteinander zu verbinden. Ziel des Lachyogas ist es, die zunehmenden Stresserscheinungen einzudämmen, die für viele Krankheiten verantwortlich sind. Kataria betont ausdrücklich, dass das Lachen kein Allheilmittel sei, sondern nur präventiv und therapeutisch wirken könne.

Seine Lachmethode, die gänzlich ohne Witze auskommt, also grundloses Lachen auslöst, wird international in ca. 1300 Lachclubs praktiziert. Für den körperlichen Lachvorgang ist es letztendlich unwichtig, ob das Lachen aufgrund eines Witzes oder auf eine willentliche Stimulation hin erfolgt. Entscheidend bei der Lachyoga-Methode ist unser Wille zum Lachen, dann funktioniert es automatisch und zwar nach den Prinzipien des NLP (Neurolinguistisches Programmieren). Hierfür prägte Kataria den Begriff *self inducing laughter* – das sich selbst auslösende Lachen. Das Lachen über uns und in uns selbst nennt Kataria das *innere Lachen.*

Alle von Madan und Madhuri Kataria entwickelten Lachübungen basieren auf uralten Yoga-Techniken. Dabei spielen drei der insgesamt acht Yogaregeln eine wichtige Rolle:

- die Regeln der echten Körperhaltung (*Asan*)
- die Regeln zur Lenkung des Atems (*Pranayama*)
- die Regeln zum Zurückziehen der Sinne (*Pratyahara*)

Die folgenden Übungen[99] beginnen zunächst mit einem künstlichen Lachen. Nach einer gewissen Zeit hält unser Gehirn dieses künstliche für ein echtes Lachen, und schon beginnen wir völlig grundlos aber herzhaft zu lachen. Dies funktioniert vor allem, wenn wir diese Übungen gemeinsam mit anderen Menschen machen, uns dabei in die Augen schauen und jede Übung vier- bis fünfmal wiederholen:

---

[99] vgl. Uber 2004

Das Tarzan-Lachen

Sie atmen tief ein, wölben die Brust wie voller Stolz nach vorne, ballen die rechte Hand zur Faust und klopfen sich in Höhe des Brustbeins rhythmisch auf die Brust. Beim Klopfen skandieren Sie ein tiefes, aus dem Bauch kommendes *Ho ho ho ho ho …*

Das Löwenlachen

Bei diesem Klassiker unter den Lachyoga-Übungen spreizen Sie die Finger beider Hände und halten sie links und rechts mit den Handflächen nach vorne wie die Pranken eines Löwen neben Ihr Gesicht. Dabei reißen Sie die Augen und den Mund weit auf und strecken die Zunge möglichst weit heraus. Dabei lachen Sie so richtig dreckig *Hä hä hä hä hä …*

Das anschwellende Lachen

Beginnen Sie mit einem leisen Gekicher, das immer lauter wird, in Lachen übergeht, bis Sie schließlich schallend laut und herzlich lachen. Halten Sie sich dabei den Bauch und tun Sie so, als ob sie vor Lachen nicht mehr könnten.

Das Lachen weiterreichen

Aus Ihren Händen formen Sie eine kleine Schüssel, als ob Sie darin etwas Wasser auffangen wollten. Sie kichern und lachen in diese Schale hinein, dann kippen Sie den imaginären Inhalt mit einem hellen *Hi-hi-hi-hi* in die Handschale Ihres Nachbarn.

Das Handy-Lachen

Pressen Sie die Daumen- und Mittelfingerkuppen beider Hände gegeneinander. Die anderen Finger sind derart nach innen geknickt, dass Fingerrücken an Fingerrücken liegt. Halten Sie die Daumen auf die Brust, die Mittelfinger sind vom Körper weg gerichtet. In dieser Position etwa zehn- bis fünfzehn mal tief ein- und ausatmen. Stellen Sie sich bitte vor, Ihr bester Freund (Freundin) würde Sie jetzt auf Ihrem Handy anrufen. Lassen Sie nun die linke Hand fallen, und führen Sie die rechte Hand (nach wie vor in der Fingerstellung) wie einen Telefonhörer ans Ohr. Sie freuen sich riesig und führen ein lachendes Gespräch. Auch diese Übung gelingt umso besser, je mehr Menschen diese gemeinsam erleben und dabei Blickkontakt halten.

Das Anerkennungslachen

Wir holen tief Luft und klopfen uns beim Ausatmen mit einem tief aus dem Bauch kommenden *ho ho ho ho ho* gegenseitig anerkennend auf die Schulter. Bitte darauf achten, nicht von oben, sondern von hinten nicht zu stark auf die Schulter des Mitmenschen zu klopfen. Das ist wichtig, denn ein Klopfen von oben wird als abschätzige Geste verstanden. Klopfen auf das Schulterblatt ist dagegen pure Anerkennung.

Das Vorbeugelachen

Zwei Personen stehen sich in einem Abstand von ca. einem Meter gegenüber und halten Blickkontakt. Mit einem verhaltenen Lachen beginnen sie, sich ganz langsam nach vorne zu beugen. Während des Beugevorgangs wird das Lachen immer intensiver. Bei dieser Übung beugen sich beide so weit nach vorn, dass sie sich fast mit der Stirn berühren, aber dabei den Blickkontakt halten.

Das Lachhimmel-Lachen

Wir stellen uns als Gruppe in engem Kreis auf, wir beugen uns nach vorne, als ob wir vom Boden eine imaginäre Lachhantel hochheben möchten. In zwei Schritten stemmen wir sie mit einem *haaaaaa* auf Brusthöhe und schleudern sie dann mit einem lauten Lachen in den Himmel. Dabei reißen wir die Arme weit über den Kopf nach oben.

Das Zank-Lachen

Wir heben unseren gestreckten Zeigefinger der linken oder rechten Hand, holen tief Luft und platzen mit einem Lachen heraus, während wir Finger schüttelnd vor dem Gesicht des anderen herumfuchteln, so als würden wir uns mit ihm zanken.

Das Hühner-Lachen

Wir ballen die Hände zu Fäusten, klemmen sie unter die Achseln, atmen tief ein, wölben die Brust nach vorne und beginnen mit den angewinkelten Armen wie mit Flügeln zu flattern. Dabei lachen wir laut aus uns heraus und flattern wie Hühner über den Hühnerhof.

Das Mango-Lassi-Lachen

Wie ein Verkehrspolizist halten wir die Arme weit nach links und rechts vom Körper gestreckt. Alle Finger sind dabei nach innen gerollt, beide Daumen stehen nach oben. Wir stellen uns vor, die rechte Hand wäre ein Glas, das mit einem köstlichen Mango-Lassi (süßes, indisches Getränk) gefüllt ist. Diese Hand führen wir nun in hohem Bogen mit einem lauten *haaaaaaah* zur linken Hand, in der wir ebenfalls ein imaginäres Glas halten. Wir tun so, als ob wir das Getränk umfüllen wollten. Danach führen wir die rechte Hand zurück. Nun machen wir diese Bogenbewegung mit der anderen Hand in die entgegengesetzte Richtung und tun so, als ob wir das Getränk zurück ins ursprüngliche Glas kippen wollten. Jetzt führen wir schwungvoll die Hand zum halboffenen Mund, beugen uns dabei leicht nach hinten und kippen das imaginäre Getränk mit lautem Lachen in den Mund.

Das Pinguin-Lachen

Bei dieser Übung imitieren wir den watschelnden Gang der Pinguine. Wir lassen die Arme links und rechts am Körpers locker baumeln, stellen dabei aber die Hände wie kleine Flügelstummel nach außen und flattern mit ihnen. Tief einatmen, auf die Zehenspitzen stellen und mit einem kichernden *hi hi hi* aufeinander zugehen, dann auf die Ferse abrollen und mit einem tiefen, aus dem Bauch kommenden *ha ha ha* sich wieder voneinander entfernen. Am besten funktioniert diese Übung, wenn sich die Teilnehmer im Kreis aufstellen und in die Kreismitte hinein- und dann wieder hinauswatscheln.

Augenzwinkernd

Nachdem ich zunächst sehr skeptisch ein Lachyoga-Wochenende in Köln besucht habe, kann ich Ihnen, lieber Leser, garantieren, dass Sie – selbst in einer Gruppe von fremden Menschen – rasch und lauthals lachen werden. Ich zumindest hatte am nächsten Morgen Muskelkater vom Lachen!

Lachtipps für den Alltag

Glücklich ist der Mensch,
der über sich selbst lachen kann.
Er wird immer etwas haben,
was ihn belustigt.
Habib Bourguiba, ehemaliger tunesischer Staatspräsident

Sicher ist der Alltag nicht immer lustig, lieber Leser, so manche Probleme warten täglich auf uns. Und doch gibt es Chancen und Wege, sich im alltäglichen Ernst des Lebens eine humorvolle Sicht anzueignen und eine freudige Lebenslust zu bewahren. Zunächst einmal sollten Sie sich selbstkritisch ein paar wichtige Fragen stellen:

- Wann lasse ich mich vom stressigen Alltagstrott überrollen?
- Wie viel Stellenwert räume ich ernsten Gedanken und dramatischen Gefühlen in meinem Leben ein?
- Wann und welche Lebensbereiche bewerte ich zu schwer wiegend? Könnte ich diese humorvoller betrachten und spielerischer lösen?
- Habe ich überzogene Ansprüche und Erwartungen an mich und meine Mitmenschen?
- Ist mein Handeln und Denken zu vernunftgeleitet? Wenn ja, welche Gedanken und alltägliche Verrichtungen könnte ich ein wenig leichter nehmen?
- Neige ich dazu, eigene Schwächen und Unsicherheiten durch mein ernsthaftes Auftreten zu überdecken, anstatt sie mit Humor zu lösen?

Eines steht fest: Wenn Sie über Ihre alltäglichen Fehler und Unzulänglichkeiten lachen können, dann haben Sie selbst ein besseres Gefühl und wirken auf Ihre Mitmenschen sympathischer. Wenn Sie sich nicht als Nabel der Welt ansehen, dann wirken und handeln Sie souveräner. Diese humorvolle Sicht auf den Alltag macht Sie stark für ernste Momente und Entscheidungen.

Leichter gesagt, als getan! Sie haben Recht, aber vergessen Sie nicht: Es lebt jemand unter Ihnen, – zu Hause, im Kindergarten, in der Schule oder auf dem Spielplatz –, von dem Sie Vieles lernen können: das Kind.

Beobachten Sie, so oft es geht, wie Kinder spielerisch, neugierig, kreativ und humorvoll mit den Unbilden des Alltags umgehen. Lenken Sie Ihren Blickwinkel auf unsere kleinen wunderbaren Mitbürger, und schauen Sie sich ein wenig von ihrer freudigen Leichtigkeit ab. Lassen Sie sich für kostbare Augenblicke von der Lebensfreude der Kinder anstecken, und entdecken Sie den Spaß am Heitersein wieder!

Haben Sie den Mut, im Alltag Gewohntes zu hinterfragen und Ungewohntes zu sehen und zu denken! Erleben Sie, wie viel Freude es macht, gemeinsam mit anderen Menschen alltägliche, langweilige Verrichtungen in komische, glückliche Momente zu verwandeln: Das Zähneputzen wird zum lustigen Werbespot; das Mittagessen zu einer witzigen Kochsendung, der Suppenlöffel zum kreativen Telefonhörer, das Ins-Bett-Bringen zu einer spannenden Erlebnisreise. Was kann schon passieren? Das Lachen wird ertönen und keine Sorge, für den nötigen Ernst können Sie, wenn genug geblödelt wurde, mit klaren Grenzen rasch wieder sorgen.

Acht Lachtipps

Ihr Wille, lieber Leser, die ernsthafte Brille im Alltag mal abzusetzen und sie durch eine humorvolle zu ersetzen, in allen Ehren, aber das wird nicht reichen! Daher möchte ich Ihnen acht im Alltag leicht umsetzbare Tipps ans Herz legen:

1. Setzen Sie die Verwandten des Lachens, nämlich das Lächeln und Schmunzeln, täglich und vielerorts ein. Spätestens morgens beim Abschied sollten Sie damit beginnen, es in den Supermarkt mitnehmen, im alltäglichen Stress wieder hervorholen und am besten lächelnd oder schmunzelnd einschlafen.
2. Schauen Sie sich regelmäßig lustige Filme an, lesen Sie humorvolle Bücher oder Comics, hören Sie des öfteren fröhliche Musik oder Hörbücher, gehen Sie ins Kabarett, spielen Sie witzige Gesellschaftsspiele.
3. Legen Sie ein Notizbuch an, in dem Sie die besten Witze festhalten. Falls Sie abends mürrisch im Bett liegen oder feststellen, dass Sie tagsüber wenig zu lachen hatten, lesen Sie das Notierte.

4. Schärfen Sie Ihren Blick für das Komische im Alltag. Sehnen Sie sich nach Augenblicken des gemeinsamen Lachens, gehen Sie alltäglich auf die Pirsch nach Lachgelegenheiten. Tauschen Sie mit Ihren Mitmenschen komische Erlebnisse oder Witze aus, erfinden Sie heitere Geschichten und Wortspiele, schlüpfen Sie in witzige Rollen, und blödeln Sie darin herum.
5. Bemühen Sie sich, auch ernsten und ärgerlichen Situationen etwas Humorvolles abzugewinnen. Warten Sie nicht nach dem Motto „Später werde ich mal darüber lachen!" Lachen Sie sofort!
6. Entdecken und pflegen Sie die befreiende Kraft des Selbsthumors und der Selbstironie. Schauen Sie sich von außen Ihr alltägliches Verhalten an; greifen Sie in Gedanken zu einem Vergrößerungsglas, und betrachten Sie darunter Ihre eigenen destruktiven Gedanken, Marotten und Eitelkeiten. Lachen Sie darüber oder schmunzeln Sie nachsichtig und liebevoll. So signalisieren Sie Ihren Mitmenschen „Das ist meine Schwäche, ihr könnt gerne mit mir darüber lachen!"
7. Pflegen Sie ein geselliges Leben und Ihre Freundschaften. Betrachten Sie Ihre Mitmenschen auch unter dem Aspekt des Humors, denn Lachen ist ansteckend. Treffen Sie sich oft mit humorvollen Menschen, und schützen Sie sich vor Bedenkenträgern und Trauerklößen.
8. Zaubern Sie ein Lächeln auf die Münder Ihrer Mitmenschen: Verteilen Sie des öfteren Lob, Komplimente, kleine Aufmerksamkeiten.

Darüber hinaus empfiehlt der Neurologe und Kabarettist Dr. Eckart von Hirschhausen diese kleinen Alltagsübungen[100]:

- Legen Sie ein witziges Selbstporträt in Ihr Portemonnaie.
- Wechseln Sie öfter die Blickrichtung: Schauen Sie, wenn Sie aus der Haustür treten, mal lächelnd nach oben in den Himmel und nicht immer nach unten.

[100] vgl. Hirschhausen 2008

- Wörter beeinflussen unser Befinden. Achten Sie daher auf Ihre Wahl; sagen Sie anstatt „Ich bin im Stress!" „Ich bin sehr beschäftigt!" oder antworten Sie auf ein „Danke" nicht „Kein Problem!" sondern „Sehr gerne!"
- Notieren Sie alles Ärgerliche und Belastende. Verbrennen Sie dann diesen Zettel.
- Tanzen Sie täglich 2 – 3 Minuten lächelnd durch Ihre Wohnung.
- Schaukeln zaubert uns oft ein Lächeln aus der Kindheit auf die Lippen. Und eine Schaukel finden Sie auf jedem Spielplatz!

Lachwendungen

sich einen Ast lachen
sich ausschütten vor Lachen
sich den Bauch vor Lachen halten
sich biegen vor Lachen
sich nicht halten können vor Lachen
sich schief und krumm lachen
sich krank lachen
sich kaputt lachen
sich kringelig lachen
umfallen vor Lachen

Kleine Morgengymnastik

Ich stehe mit dem richtigen Fuß auf,
öffne das
Fenster der Seele,
verbeuge mich vor allem,
was liebt,
wende mein Gesicht
der Sonne entgegen,
springe ein paarmal
über meinen Schatten
und lache mich gesund.
Hans Kruppa

Kapitel 7

Die kleine Schmunzeltruhe

Humor und Geduld sind Kamele,
mit denen man durch jede Wüste kommt.
Afrikanische Weisheit

Timm Thaler oder Das verkaufte Lachen

In dieser wundervollen Geschichte von James Krüss hat ein Junge eine folgenschwere Begegnung mit einem Mann, der ihm diesen Teufelspakt anbietet: Timm soll ihm sein Lachen verkaufen! Ganz naiv willigt er ein und stellt dann zu seinem großen Unglück fest, dass er mit seinem Lachen auch seine Seele verkauft hat. Erst als sich Timm mit einem geschickten Trick sein Lachen zurückholt, wird er wieder ein glücklicher Mensch: „Timm lachte und weinte in einem ... Ihm war, als durchlitt er seine zweite Geburt."[101]

Viele Jahre später hat Günther Thielen, genannt der *Kleine Günther*, diese Geschichte auf seinen Lebensweg übertragen. Er hat neun Jahre auf der Straße gelebt und ist seit 18 Jahren trocken (abstinent). Heute lebt er in einem Hotel für ehemalige Wohnungslose und ist 42 Jahre alt.[102] Er schrieb diese wunderbare, moderne Version:

Die Geschichte vom Obdachlosen, der sein Lachen verkauft hat

Es war einmal ein Obdachloser, der immer lachte. Die anderen Obdachlosen und Berber freuten sich immer, wenn der Obdachlose an den Appelhofplatz kam, da er sehr freundlich und lustig war und immer lachte. Aber eines Tages war der Obdachlose in Köln am Hauptbahnhof und es war kalt. Da kam der Teufel als ein reicher Mann verkleidet und sagte zu dem Obdachlosen: „Wenn du mir deine Seele und dein Lachen verkaufst, gebe ich dir viel Geld, eine Wohnung und ein warmes Bett." Und weil es sehr kalt war, sagte der Obdachlose „Ja". Aber der Teufel lachte hämisch, weil er nun das Lachen und die Seele vom Obdachlosen hatte. Als der Obdachlose merkte, dass es der Teufel war, der ihn betrogen hatte, wurde er traurig. Die anderen Obdachlosen machten sich Sorgen, weil er nicht mehr lachte und an den Appelhofplatz, zum Hauptbahnhof, zum S.K.M.[103] oder zur Oase[104] kam. Der Obdachlose wurde immer trauriger, weil er sein Lachen und seine Seele für ein warmes Bett und eine Wohnung verkauft hatte. Bald hatte er fast keine Freunde mehr unter den Berbern und Obdachlosen. Als das der liebe Gott im Himmel sah, kam er als noch ärmerer Obdachloser verkleidet zur Erde. Er fragte den Obdachlosen, der sein Lachen verkauft hat, warum er so traurig sei.

---

[101] Krüss 1987, S. 286

[102] Diese Angaben zur Person gab mir Günther Thielen zur Veröffentlichung frei.

[103] SKM = Katholischer Verband für soziale Dienste in Deutschland

[104] Oase – Benedikt Labre e.V. gemeinnütziger Verein in Köln für Menschen in Wohnungsnot und ohne festen Wohnsitz

Der Obdachlose erzählte es dem lieben Gott, ohne zu wissen, dass es der liebe Gott war. Der liebe Gott antwortete: „Ich habe Hunger und mir ist kalt." Da gab der Obdachlose ihm sein Butterbrot und eine Decke und nahm ihn mit in sein Zimmer, das er vom Teufel bekommen hatte. Der liebe Gott sagte: „Du hast mir dein Butterbrot, eine Decke und ein warmes Bett gegeben, dafür schenke ich dir ein lustiges Lied." Der liebe Gott fing an, auf seiner Mundharmonika zu spielen und auf einmal konnte der Obdachlose wieder lachen.

Das war die Geschichte vom Obdachlosen, der sein Lachen verkauft hat.

P.S.: Lieber Leser, die Geschichte ist ein Teil von meinem Leben und für euch.
Einer der arm ist, ist nicht arm, sondern reich, wenn er geliebt wird und Freunde hat.
Das hab ich, der kleine Günther, für euch geschrieben, für die, die nicht im Gefängnis sind, sondern sich hier draußen durchschlagen müssen.

Rote Blumen

Eines Tages kam ein kleiner Junge in die Schule. Er war ein ziemlich kleiner Junge und es war eine ziemlich große Schule. Aber als der kleine Junge herausfand, dass die Klassenzimmer eine Tür ins Freie hatten, und er direkt ins Klassenzimmer gehen konnte, war er glücklich. Und die Schule erschien ihm jetzt nicht mehr so unvorstellbar groß.

Eines Morgens, als er schon eine Zeit in der Schule war, sagte die Lehrerin: „Heute wollen wir ein Bild malen."
„Gut!", dachte der kleine Junge. Er mochte gerne Bilder malen. Er konnte alles malen: Löwen und Tiger, Hühner und Kühe, Züge und Schiffe – Und er holte seine Stifte heraus und begann zu malen.

Aber die Lehrerin sagte: „Warte! Es ist noch nicht Zeit zu beginnen!" Und sie wartete bis alle soweit waren. „Jetzt," sagte die Lehrerin, „wollen wir Blumen malen."
„Gut!", dachte der kleine Junge.
Er malte gerne Blumen, und er begann die Schönsten zu malen. Mit seinen pinkfarbenen und orangenen und blauen Stiften.

Aber die Lehrerin sagte „Warte! Dann zeige ich wie es geht." Und sie malte eine rote Blume mit grünem Stiel. „So," sagte die Lehrerin, „jetzt könnt ihr anfangen."
Der kleine Junge sah auf die Blume der Lehrerin, dann sah er seine eigene Blume. Er fand seine Blume schöner als die der Lehrerin, aber er sagte nichts. Er drehte nur sein Blatt um und malte eine Blume nach dem Vorbild der Lehrerin. Die Blume war rot mit einem grünen Stiel.

An einem anderen Tag, als der Junge die Tür zum Klassenzimmer von außen alleine geöffnet hatte, sagte die Lehrerin: „Heute machen wir etwas mit Knetmasse".
„Gut!", dachte der kleine Junge. Er mochte kneten. Er konnte alle Dinge mit Knete machen: Schlangen und Schneemänner, Elefanten und Mäuse, Autos und Lastwägen – und er begann zu drücken und zu ziehen mit seinem Stück Knete.

Aber die Lehrerin sagte: „Warte! Es ist noch nicht Zeit zu beginnen!" Und sie wartete bis alle soweit waren. „Jetzt", sagte die Lehrerin, „machen wir einen Teller."
„Gut!", dachte der kleine Junge. Er machte gerne Teller, und er begann welche zu machen in allen Formen und Größen.

Dann sagte die Lehrerin „Warte! Ich zeige euch wie es geht." Und sie zeigte jedem, wie man einen tiefen Teller macht. „So," sagte die Lehrerin, „jetzt könnt ihr anfangen."

Der kleine Junge sah auf den Teller der Lehrerin. Dann sah er auf seinen Teller.
Ihm gefiel sein Teller besser, aber er sagte nichts. Er machte wieder einen Klumpen aus seiner Knete und machte einen neuen Teller. Genau nach dem Vorbild der Lehrerin.

Und sehr bald lernte der kleine Junge zu warten, zuzusehen und alles so zu machen, wie es die Lehrerin wollte. Und sehr bald machte er nichts mehr von alleine.

Dann passierte es, dass der kleine Junge mit seiner Familie umzog in ein neues Haus, in eine neue Stadt. Und der kleine Junge musste an eine neue Schule.

Die Schule war noch größer als die zuvor. Und es gab keine Tür, durch die man von außen in die Klassenzimmer gehen konnte. Er musste große Stufen hinaufgehen und durch eine große Halle gehen, um zu seinem Klassenzimmer zu kommen.

Und am ersten Tag in der neuen Schule sagte die Lehrerin: „Heute malen wir ein Bild" „Gut!", dachte der kleine Junge. Und er wartete auf die Lehrerin, um ihm zu sagen was er malen sollte.

Aber die Lehrerin sagte nichts. Sie ging nur langsam durch die Klasse.
Als sie zu dem kleinen Jungen kam, sagte sie: „Möchtest du nicht malen?"
„Doch" sagte der kleine Junge, „was werde ich malen?"
„Ich werde es sehen, wenn du es gemalt hast" sagte die Lehrerin.
„Wie soll ich es malen?" fragte der kleine Junge.
„So wie du es malen willst" sagte die Lehrerin.
„Und kann ich mir die Farbe aussuchen?"
„Du kannst jede Farbe nehmen", sagte die Lehrerin, „wenn jeder das gleiche Bild malen würde und die gleichen Farben benutzen; wie sollte ich wissen, wer was malte? Und wie sollte ich die Bilder unterscheiden?"

„Ich weiß nicht ..." sagte der kleine Junge.
Und er begann zu malen – eine rote Blume mit einem grünen Stiel ...
aus dem Englischen, Red Flowers von Helen E. Buckley

Der Sprung in der Schüssel

Es war einmal eine alte chinesische Frau, die zwei große Schüsseln hatte, die von den Enden einer Stange hingen, die sie über ihren Schultern trug.
Eine der Schüsseln hatte einen Sprung, während die andere makellos war und stets eine volle Portion Wasser fasste.
Am Ende der langen Wanderung vom Fluss zum Haus der alten Frau war die andere Schüssel jedoch immer nur noch halb voll. Zwei Jahre lang geschah dies täglich: Die alte Frau brachte immer nur anderthalb Schüsseln Wasser mit nach Hause.

Die makellose Schüssel war natürlich sehr stolz auf ihre Leistung, aber die arme Schüssel mit dem Sprung schämte sich wegen ihres Makels und war betrübt, dass sie nur die Hälfte dessen verrichten konnte, wofür sie gemacht worden war.

Nach zwei Jahren, die ihr wie ein endloses Versagen vorkamen, sprach die Schüssel zu der alten Frau:

„Ich schäme mich so wegen meines Sprungs, aus dem den ganzen Weg zu deinem Haus immer Wasser läuft." Die alte Frau lächelte. „Ist dir aufgefallen, dass auf deiner Seite des Weges Blumen blühen, aber auf der Seite der anderen Schüssel nicht? Ich habe auf deiner Seite des Pfades Blumensamen gesät, weil ich mir deines Fehlers bewusst war. Nun gießt du sie jeden Tag, wenn wir nach Hause laufen. Zwei Jahre lang konnte ich diese wunderschönen Blumen pflücken und den Tisch damit schmücken. Wenn du nicht genauso wärst, wie du bist, würde diese Schönheit nicht existieren und unser Haus beehren."

Quelle unbekannt

Schulhöfliches

Der Lehrer
nimmt den Bach durch.
Er zeigt ein Bild.
Er zeichnet an die Wandtafel.
Er beschreibt.
Er schildert.
Er erzählt.
Er schreibt auf.
Er diktiert ins Heft.
Er gibt eine Hausaufgabe.
Er macht eine Prüfung.
Hinter dem Schulhaus
fließt munter
der Bach
vorbei.
Vorbei!

Heinrich Schulmann

Ernstes zum Staunen und Schmunzeln

Es ist leicht, das Leben schwer zu nehmen,
und es ist schwer, das Leben leicht zu nehmen.
Erich Kästner

Der Lachsack – Ein Millionengeschäft!

Walter Thiele aus München kam 1968 auf eine geniale Idee, die ihn reich machen sollte. Er lud auf der Suche nach dem idealen Lachen viele Menschen zum Vorlachen in seine Wohnung ein. Ein Finanzbeamter aus Nürnberg machte das Rennen. Thiele nahm sein Lachen auf, das per Knopfdruck vom Lachsack, einem kleinen Stoffsäckchen, abgespielt werden konnte. Thiele bot seinem Ideallacher 1000 Mark bar auf die Hand oder 10 Pfennig pro Lachsack. Dieser nahm lieber das Bargeld und beging damit einen folgenschweren Irrtum, denn der Lachsack verkaufte sich bis 2007 über 120 Millionen Mal! Sein Erfinder wurde Millionär!

Der Weltlachtag

Alljährlich am ersten Sonntag im Mai wird der Weltlachtag begangen. Er wurde im Jahre 1998 vom indischen Arzt Dr. Madan Kataria, dem Gründer der Yoga-Lachbewegung, ins Leben gerufen. Diese Bewegung ist inzwischen weltweit in über 6.000 Lachclubs organisiert. Am Weltlachtag lachen um Punkt 14 Uhr (deutscher Zeit) drei Minuten lang viele Menschen gemeinsam, um die Botschaft von Brüderlichkeit und Weltfrieden weiterzutragen. Erstmals trafen sich am 11. Januar 1998 über 12.000 Mitglieder aus lokalen und internationalen Lachclubs in Bombay, um diese Idee zu verkünden. Das erste europäische Weltlachtag-Treffen fand am 9. Januar 2000 in Kopenhagen statt. Bei diesem sogenannten *Happy-Demic* trafen sich über 10.000 lachende Menschen auf dem Kopenhagener Rathausplatz; es wurde übrigens im Guinness-Buch der Rekorde aufgenommen. Auch in Deutschland treffen sich die Lacher in kleinen Gruppen unter anderem in Berlin, Hamburg, Köln, Münster, Neuss und Regensburg. Die Schweiz begeht den Weltlachtag mit einer Lachparade, bei der mehrere hundert Personen lachend durch die Züricher Innenstadt laufen. Ein großes Bühnenprogramm mit Clowns und Kabarettisten rundet den Tag ab. Anschließend wird ein gemeinsames Lachen um den Erdball geschickt.

Smiley – Das Grinsegesicht mit Welterfolg

Im Auftrag der Versicherungsgesellschaft *State Mutual Life Assurance Company* aus Massachusett erfand der Grafiker Harvey Ball im Dezember 1963 ein freundliches Logo, das um die Welt gehen sollte: den Smiley, das gelbe nasenlose Grinsegesicht. Als Honorar für den Entwurf erhielt er ganze 45 Dollar. Leider versäumten es sowohl H. Ball als auch die Versicherungsgesellschaft, den kleinen Smiley als eingetragenes Warenzeichen schützen zu lassen. Dies holte 1971 der französische Journalist Franklin Loufrani nach. Er behauptete einfach, unabhängig vom Erfinder ein ähnliches Lachlogo entworfen zu haben und wurde Millionär. Der Urheber H. Ball ging leer aus und kämpfte seitdem, als wahrer Vater des Smileys anerkannt zu werden. Er gründete die *World Smile Foundation*, die bis heute den ursprünglichen Geist des Smileys propagiert. Harvey Ball starb im April 2001.

Die Relativitätstheorie humorvoll erklärt

Eigentlich ist die Relativitätstheorie rasch und humorvoll zu erklären. So soll Einstein zum Verhältnis von Zeit und Raum gesagt haben:

„Wie lange eine Minute ist, hängt empfindlich davon ab, ob man sich vor oder hinter der Toilettentür befindet."

Das Kölsche Grundgesetz

Als Kölnerin empfehle ich Ihnen, lieber Leser, für alle Lebenslagen dieses Grundgesetz. Es wird tagtäglich vom lustigen Völkchen der Kölner beherzigt und dient ihm schon sehr lange als Leitfaden, um komplexe Alltagssituationen humorvoll zu bewältigen. Und wenn es sich in Köln tagtäglich bewährt, dann ist es meines Erachtens auch eine ideale Anregung für alle Völker dieser Erde!

Artikel 1

Et es wie et es.
Sieh den Tatsachen ins Auge.

Artikel 2
Et kütt wie et kütt.
Habe keine Angst vor der Zukunft.

Artikel 3
Et hätt noch immer jot jejange.
Lerne aus der Vergangenheit.

Artikel 4
Wat fott es, es fott.
Jammere den Dingen nicht nach.

Artikel 5
Nix bliev wie et wor.
Sei offen für Neuerungen.

Artikel 6
Kenne mer nit, bruche mer nit, fott domet.
Sei kritisch, wenn Neuerungen überhand nehmen.

Artikel 7
Wat wellste maache?
Füge dich in dein Schicksal.

Artikel 8
Mach et jot ävver nit ze off.
Achte auf deine Gesundheit.

Artikel 9
Wat soll dä Quatsch?
Stelle immer erst die Universalfrage.

Artikel 10
Drinkste ene met?
Komme dem Gebot der Gastfreundschaft nach.

Artikel 11
Do laachs dech kapott.
Bewahre dir eine gesunde Einstellung zum Humor.

Es ist kein Zufall, dass das Kölsche Grundgesetz 11 Lebensweisheiten auflistet. Schließlich gilt die 11 in Köln als närrische Zahl. Am 11.11. um 11.11 Uhr beginnt alljährlich die 5. Jahreszeit in Köln: Der Karneval. Der Elfer-Rat bildet den Vorsitz aller Karnevalssitzungen sozusagen als Parlament des Narrenreichs. Viele Karnevalsvereine tragen die Zahl 11 in ihrem Wappen. Warum diese Zahlensymbolik? Da gibt es unterschiedliche Erklärungsansätze:

- In der Religion steht die Zahl 11 für Sünde, Maßlosigkeit und Teuflisches.
- Der Narr, der im Mittelalter während der Karnevalszeit Gott leugnete, verstieß sittenwidrig gegen die 10 Gebote. So wurde die Zahl 11 zur Narrenzahl.
- Das Wort ELF könnte sich aus dem Wahlspruch der Französischen Revolution zusammensetzen: Egalité (Gleichheit), Liberté (Freiheit), Fraternité (Brüderlichkeit)

All diesen Vermutungen können Sie, lieber Leser, ein Schnippchen schlagen. Erfinden Sie Ihren ganz persönlichen 12. Artikel – in Ihrem Dialekt und in der hochdeutschen Übersetzung. Viel Spaß dabei!

Artikel 12

____

____

Kapitel 8

Wer zuletzt lacht!

Gibt es schließlich eine bessere Form,
mit dem Leben fertig zu werden,
als mit Liebe und Humor?
Charles Dickens

Die Auseinandersetzung mit den wissenschaftlichen Studien zum Humor hat einige meiner Annahmen bestätigt, die ich aus dem gesunden Menschenverstand heraus bereits vermutete. Aber ich gewann viele neue Erkenntnisse, warum eine fröhliche, humorvolle Pädagogik mit lachenden Kindern, Eltern, Erziehern und Lehrern so bedeutsam ist.

Lachen ist nicht nur eine sinnvolle psychologische und soziologische Strategie, die sich in unserer Evolution bewährt hat, sondern auch eine wohltuende, kostenlose, risikofreie und vor allem eine natürliche Ausdrucksweise des Menschen, auf die er ein Anrecht hat.

Ein Anrecht, das wir als Erwachsene eigenmächtig durchsetzen können. Wir haben es in der Hand, öfter mal inne zu halten, die Brille des Humors aufzusetzen, uns an den kleinen Dingen des Lebens zu erfreuen, uns mit humorvollen Menschen zu umgeben, über uns selbst zu lachen, ein Lächeln auf unser Gesicht zu zaubern und Lebensfreude zu entwickeln.

Kinder und Jugendliche jedoch erwerben erst allmählich im Laufe ihrer Entwicklung all diese Fähigkeiten. Das Lachpotenzial ist ihnen zwar angeboren, aber sie können es nur dann nach Herzenslust entwickeln, wenn wir, Eltern und Pädagogen, ihnen humorvolle Vorbilder sind. Denn wir wirken auf Kinder nicht allein durch das, was wir sagen und was wir tun, sondern vor allem durch die Art, wie wir es tun! Unsere Mimik, Gestik, Haltung, Wortwahl und unsere Einstellung hinterlassen nachhaltige Spuren im Entwicklungsweg eines Kindes.

Wir sollten nie vergessen, dass die Lebensfreude und das Lachen zu den Grundrechten des Kindes gehören, insbesondere dann, wenn Fakten und Leistung es zu ersticken drohen. Humor und Lachen sollten nicht vor der pädagogischen Haustür Halt machen, sondern vielmehr als sinnvolle Begleiter willkommen geheißen werden. Denn Humor macht Kindern in jeder Lebenslage Mut, und Lob verleiht ihnen ein starkes Selbstbewusstsein. Beides können Kinder vor allem als Schüler sehr gut gebrauchen. Bitte vergessen Sie das bei all ihren ernsten und ehrenwerten Erziehungsbemühungen nie! Keine Sorge, Sie müssen nicht zum Clown mutieren, Sie können stattdessen Ernstes humorvoll vermitteln, dies zeigt uns die „Sendung mit der Maus" in ihren „Lach- und Sachgeschichten" nun schon jahrelang sehr erfolgreich. Betrachten Sie einfach, liebe Eltern und Pädagogen, Humor wie Erich Kästner „als Regenschirm der Weisen!"

Aber Humor und Lachen lassen sich nicht verordnen – weder therapeutisch noch pädagogisch. Kaum eine menschliche Verhaltensweise ist so sehr auf Authentizität angewiesen wie das Lachen. Wir können uns dabei nicht verstellen und plötzlich von einer ernsten Person zu einem humorvollen Pädagogen mutieren. Hier muss jeder an sich selbst arbeiten, und ich hoffe, mit meinem Schatzbuch ein wenig Hilfestellung dabei gegeben zu haben, dass wir als Pädagogen endlich begreifen: Lachen braucht ein Zuhause, Lachen muss Schule machen! Damit dies gelingt, sollten wir unsere Rolle als Eltern und Pädagogen immer wieder überdenken. Habe ich den Mut, über mich selbst zu lachen, habe ich die Freude am Unsinn und am Lachen verloren? Wenn ja, wo und wie kann ich sie wiederfinden und vor allem, wer kann mir dabei helfen?

Humor ist weit mehr als ein Freizeitvergnügen, auch wenn er derzeit – so habe ich den Verdacht – wie ein Beruhigungsmittel für frustrierte Bürger auf dem Markt der Privatsender, der Humor- und Scherzartikelindustrie – breitgetreten wird. Wenn wir nicht wollen, dass lowbudget und lächerliche TV-Formate das Bild von Humor in den Herzen und Hirnen unserer Kinder formen, dann sind wir alle aufgerufen, dem etwas Besseres entgegenzusetzen. Respektvoller Humor sollte eine tragende Säule unserer Erziehungskultur bilden. Schließlich hilft sie uns auf grandiose Weise, nicht nur schwierige Situationen in der pädagogischen Arbeit zu meistern, sondern vor allem ein ganzheitliches Menschenbild aufzubauen. Humor bietet Kindern großartige Kompetenz- und Entwicklungschancen, denen in der Aus- und Weiterbildung von Pädagogen mehr Rechnung getragen werden muss.

Geistreicher Humor und freudiges Lachen haben der heute weit verbreiteten Tyrannei des Faktenwissens viel Lebenswichtiges entgegenzusetzen. Die täglich auf uns einprasselnden Informationen aus der medialen Welt geben uns selten Anlass zum Lachen. In unserem realen Alltag regieren mehr denn je Ehrgeiz, Leistung und Erfolg! Die viel gerühmte Leichtigkeit des Seins, die Spontaneität, die Freude am Unvollkommenen und Fehlerhaften sind aus dem 21. Jahrhundert wie weggepustet. Jetzt machen aalglatter Perfektionismus und verbitterte Leistungsgier richtig Ernst. Sie sind Geschwister geworden, so wie das Schwimmenlernen und das Seepferdchen!
Aber wenn wir nicht miteinander lachen, wie können wir dann jemals menschlich sein?

Ich appelliere daher an Sie, liebe Eltern, Erzieher und Lehrer, die eigene Kraft des Lachens nicht zu vergessen, die Freude an Ihrem Beruf zu pflegen und es als Privileg anzusehen, mit wunderbaren heranwachsenden Menschen zusammenarbeiten zu dürfen, die gerne und viel lachen!

Auch wenn wir in der Pädagogik im Vergleich zu anderen Wissenschaften recht spät das Lachen für uns entdeckt haben, so gilt immer noch: Wer zuletzt lacht, lacht am besten!!! In diesem Sinne lachen Sie aus vollem Herzen, wann und wo immer Sie können, vor allem wenn's scheinbar ernst wird!

Jeder Mensch erwerbe sich Humor! Das ist nicht unmöglich.
Denn immer und überall ist es einigen gelungen.
Der Humor rückt den Augenblick an die richtige Stelle.
Er lehrt uns die wahre Größenordnung und die gültige Perspektive.
Er macht die Erde zu einem kleinen Stern,
die Weltgeschichte zu einem Atemzug und uns selber bescheiden.
Das ist viel!
Bevor man das Erb- und Erzübel, die Eitelkeit, nicht totgelacht hat,
kann man nicht beginnen, das zu werden, was man ist:
ein Mensch!
Erich Kästner

Wertvolle Adressen

Dcutschland

HumorCare Deutschland

Gesellschaft zur Förderung von Humor in Therapie, Pflege und Beratung
Geschäftsstelle: Dr. Michaela Schäffner
Preysingstr. 10, D – 81667 München
Tel: 089 – 48 01 905
www.humorcare.com

Die Clown Doktoren e.V.

Rheingoldstraße 5, D – 65201 Wiesbaden
Tel: 0611 – 94 10 176
Info@clown-doktoren.de

Club der Optimisten

An der Alster 35, D – 20099 Hamburg
Tel.: 040 – 41 92 399 – 0
www.clubderoptimisten.de

Clowns ohne Grenzen Deutschland e.V.

Eva Glimsche
Eckerstr. 2, D – 85356 Freising
Tel.: 08161 – 233520
www.clownsohnegrenzen.org

Österreich

CliniClowns Austria

Verein zur Förderung und Erforschung der Betreuung
kranker Menschen durch Clowns
Schwarzenbergplatz 16, A – 1011 Wien
Tel: (01) 50 200 – 200
www.cliniclowns.at

Südtirol

Medicus Comicus

Str. Palua 16, I – 9047 St. Christina
Tel. 0471 79 22 08 – 79 33 66
www.medicuscomicus.org

Südtiroler Ärzte für die Dritte Welt

Maretschgasse 3, I – 39100 Bozen
www.world-doctors.org

Schweiz

HumorCare Schweiz

Gesellschaft zur Förderung von Humor in Therapie, Pflege und Beratung
Postfach 238, CH – 4103 Bottmingen
www.humorcare.ch

Größtes Humor-Portal der Schweiz mit Infos zum jährlich stattfindenden Kongress „Humor in der Therapie" unter: www.humor.ch

In Frankreich

Clowns sans Frontières
70 bis rue de Romainville, F – 75019 Paris
www.clowns-sans-frontieres-france.org

In USA

Der Humorforscher Paul E. McGhee (USA) gibt viele Tipps (leider nur in englischer Sprache) für mehr Humor im Alltag unter: www.laughterremedy.com

The International Society for Humor Studies (ISHS)
Executive Secretary
Holy Names University
Oakland, CA 94619, USA
www.hnu.edu/ishs/

Empfehlenswerte Homepages

Lachen und Lebenskunst
www.humor.li
www.weltlachtag.ch
www.koelnerkarnevalsmuseum.de

Lachclubs
www.lachclubwiesbaden.de (erster Lachclub in Deutschland)
www.lachclub.info/de (Portal der deutschsprachigen Lachclubs)

Lachyoga
www.hoho-haha.de
www.lachyoga.at
www.lachseminare.de

Humorforschung

www.schuhbeck.info/humorforschung.htm
www.humorforschung.de

Humor und Therapie

www.michael-titze.de
www.lachen-helfen.de

Kabarett und Comedy

www.lachmesse.de
www.koelncomedy.de
www.hirschhausen.com
www.loriot.de
www.valentin-musaeum.de
www.tagedeslachens.de
www.andinet.de

Witze, Comics und Cartoons

www.witz-online.de
www.witz-der-woche.net
www.querbilder.de
www.cartoonguru.com
www.kritzelwerk.de
www.bildergeschichten.eu
www.cartoonmuseum.ch

Unser mobiles Fortbildungsangebot

Ich hoffe, dass dieses Buch Ihnen, liebe Erzieher, Lehrer und Eltern viele Schätze für eine Erziehung mit Herz und Humor eröffnet hat. Aber ein Buch bleibt solange leblose Theorie, bis seine Erkenntnisse und Spiele durch gemeinsame Erfahrung zum Leben erweckt werden.

Daher habe ich das Seminar „Lachen und Lernen bilden ein Traumpaar!" entwickelt, das Sie europaweit abrufen können. Auf Anfrage komme ich gerne in Ihre Einrichtung und bilde das Team oder die Eltern weiter.
Die Herausgeberin des Buches, die Gesellschaft für ganzheitliches Lernen e.V.:

- ist ein gemeinnütziger, zertifizierter Verein von engagierten Fachleuten aus der Pädagogik, Psychologie, Biologie und Medizin
- informiert über die neuen wissenschaftlichen Erkenntnisse aus der Hirnforschung und Neurodidaktik
- hat ein ganzheitliches Erziehungs- und Lernkonzept entwickelt
- leistet pädagogische Prävention und fördert den Dialog zwischen Eltern, Pädagogen und Therapeuten
- entwickelt ganzheitliche Lernspiele für Kindergarten und Schule
- bietet pädagogischen Einrichtungen eine individuelle Qualitätsentwicklung mit abschließender Gütesiegel-Vergabe (auszugsweise nach DIN EN ISO 9001 Norm und gemäß den Kriterien der Gesellschaft für ganzheitliches Lernen)
- ist in Deutschland, Österreich, Belgien, Italien und in der Schweiz aktiv.

Gerne beraten wir Sie über unser

mobiles Fortbildungsangebot
Gesellschaft für ganzheitliches Lernen e.V.
Dr. Charmaine Liebertz
Tel: 0049 – (0) 221 92 33 103
c.liebertz@ganzheitlichlernen.de

Gütesiegel
Gesellschaft für ganzheitliches Lernen e.V.
Martina Brausem
Tel.: 0049 – (0) 221 16 81 23 83
t.brausem@ganzheitlichlernen.de

Besuchen Sie uns im Internet
www.ganzheitlichlernen.de

Literatur

Adams, P.: Mylander, M.: Gesundheit. Oberursel1997

Aristoteles: Poetik. Griechisch/deutsch. Fuhrmann, M. (Hrsg.) Stuttgart 1994

Becker, Frank: Humorvolles Lernen – mehr als ein Witz? Eine Studie über eine pädagogische Rarität. Hausarbeit für Erste Staatsprüfung. Köln 2000

Becker, Jurek: Jakob der Lügner. Frankfurt a.M. 1982

Berger, P.L.: Erlösendes Lachen. Das Komische in der menschlichen Erfahrung. Berlin, New York 1998

Berger, V.; Escher, K.: Lehrer & Lehrerinnen. Ein Psychogramm zum Schmunzeln. Brilon 1994

Bergson, Henri: Das Lachen. Meisenheim am Glan 1948 (Paris 1900)

Berk, L.S.: New discoveries in psychoneuroimmunology. Humor & Health Letter, III (6), S. 1-8, 1994

Berk, L.S.: The laughter-immune connection: New discoveries. Humor & Health Journal, V (5), S. 1-5, 1996

Bernhardt, J.A.: Humor in der Psychotherapie. Weinheim 1985

Blakemore S.-J.: Central cancellation of self-produced tickle sensation. Nature Neuroscience 1, 1998, p. 635–640

Böll, Heinrich: Der Lacher. In: Nicht nur zur Weihnachtszeit. Erzählungen. Köln/Berlin 1952

Bönsch-Kauke, M.: Witzige Kinder. Zur spielerischen Entwicklung von humorvollen Interaktionen zwischen sieben- bis zwölfjährigen Kindern durch kreative Techniken. In: Zeitschrift für Entwicklungspsychologie und Pädagogische Psychologie 31/1999/3, S. 101–115

Bönsch-Kauke, M.: Psychologie des Kinderhumors. Schulkinder unter sich. Opladen 2003

Bryant, J., Zillmann, D.: Guideless for the Effective Use of Humor in Children´s Educational Televison Programs. In: McGhee, P.E. (Hrsg.): Humor and children´s development: a guide to practical applications. New York, S. 201-222, 1989

Chapman, A.J.; Crompton P.: Humorous presentations of material and presentations of humorous material: A review of the humor and memory literature and two experimental studies in practical aspects of memory, M. M. Gruneberg, ed. Academic Press, 1978, 84-92

Coser, R.L.: Some social functions of laughter. Human relations 12, S. 171-182, 1959

Coser, R.L.: Laughter among colleagues: A study of the social functions of humor among the staff at a mental hospital. Psychiatry 23, S. 81-95, 1987

Cousins, Norman: Der Arzt in uns selbst. Reinbek 1981

Cousins, Norman: Anatomy of an Illness As Perceived by the Patient. New York1979

Danimann, Franz: Flüsterwitze und Spottgedichte unterm Hakenkreuz. Wien 2001.

Darwin, Charles: Der Ausdruck der Gemüthsbewegungen bei Menschen und Thieren. Aus dem Englischen übersetzt von J. Victor Carus. Stuttgart 1872

Demorest, A.; Meyer, C.; Phelps, E.; Grdner, H.; Winner, E.: Words speak louder than actions: Understanding deliberately false remarks. Child Development, 55, 1984, 4, S. 1527 – 1534

Descartes, Réné: Die Leidenschaft der Seele. Hamburg 1996

Eysenck, Hans-Jürgen: Foreward. In: Goldstein, Jeffrey H. & McGhee, Paul E. (Eds.) The psychology of humor: Theroetical perpectives and empirical issues. New York 1972

Falkenberg I., Bartels M., Wild B.: Keep Smiling! Facial reactions to emotional stimuli and their relationship to emotional contagion in patients with schizophrenia. Neuroscience Letters 2008; June 258(4):245-53

Farrelly, F., Brandsma, J.: Provokative Therapie. Berlin 1985

Freud, Sigmund: Der Witz und seine Beziehung zum Unbewussten. Frankfurt a. M. 2001

Frings, W.: Humor in der Psychoanalyse. Eine Einführung in die Möglichkeiten humorvoller Intervention. Stuttgart, Berlin, Köln 1996

Frostig, Marianne / Maslow, P.: Lernprobleme in der Schule. Stuttgart1978

Fry, William. Sweet madness: A study of humor. Palo Alto 1963

Gebauer, Karl / Hüther, Gerald: Kinder brauchen Vertrauen. Düsseldorf 2004

Glänzel, H.: Lehrer als Beruf. Hannover 1967

Götz, Maya: Was Kinder bei Wissens- und Comedy-Sendungen lustig finden. Television 16/2003/1; S. 45 – 53

Goleman, Daniel: Emotionale Intelligenz. München 1997

Grasskamp, Walter: Glanz und Elend des Humors. In: Über westliche Zivilisation. Lachen. Bohrer, Karl Heinz; Scheel, Kurt (Hrsg.), Sonderheft Merkur, Deutsche Zeitschrift für europäisches Denken, Berlin 2002

Groch, Alice S.: Joking and Appreciation of Humor in Nursey School Children. In: Children Development 45, S. 1098-1102, 1974

Grotjahn, M.: Beyond laughter: Humor and the subconscious. New York 1966

Grotjahn, M.: Vom Sinn des Lachens. Psychoanalytische Betrachtung über den Witz, das Komische und den Humor. München 1974

Gruntz-Stoll, Johannes: Ernsthaft humorvoll. Lachen(d) Lernen in Erziehung und Unterricht, Beratung und Therapie. Bad Heilbrunn 2001

Hall Stanley, G.: A Study of Fears. The American Journ. of Psychol. VIII (2), S. 147-249. 1897

Hansch, Dietmar: Die sechs goldenen Regeln. In: Gehirn & Geist. Nr.9/2006

Haug – Schnabel, Gabriele: Kinder lachen gern. Was ErzieherInnen im Umgang mit Humor wissen sollten. In: Kindergarten heute 4 / 2002

Hauser, Stefan: Wie Kinder Witze erzählen. Eine linguistische Studie zum Erwerb narrativer Fähigkeiten. Bern 2005

Heekerens, H.-P.: Humor in der Familientherapie – zum Stand der Diskussion. In: Praxis der Kinderpsychologie und Kinderpsychiatrie, 1992, 41 (1), 25 -30

Hegel, Georg F.W.: Enzyklopädie der philosophischen Wissenschaft. Frankfurt a. M. 1979

Helmers, Hermann: Sprache und Humor des Kindes, Stuttgart 1971

Hirsch, Rolf D. (Hrsg.): Psychotherapie im Alter. Göttingen 1990

Hirschhausen von, E.: Glücksbringer. 2008

Hoechl, Stefanie; Striano, Tricia: Kommunikation und Interaktion in der Entwicklung – Wie beeinflussen soziale Reize das frühkindliche Lernen?, Paderborn 2008

Huber, Günter L.: Pädagogische Interaktion in der Schule. In: Krapp, A. (Hrsg.): Pädagogische Psychologie. Weinheim 2001

Kästner, Erich: Die vier archimedischen Punkte. In: Strich, Christian (Hrsg.) Das Erich Kästner Lesebuch. Zürich 1978

Kant, Immanuel: Kritik der Urteilskraft. Frankfurt a. M.1985

Kassner, D.: Humor im Unterricht. Bedeutung, Einfluss, Wirkungen. Können schulische Leistungen und berufliche Qualifikationen durch Pädagogischen Humor verbessert werden? Hohengehren 2002

Kast, Verena: Freude, Inspiration, Hoffnung. Olten 1991

Kataria, Madan: Lachen ohne Grund ... eine das Leben verändernde Erfahrung. Petersberg 2002

Kauke, M.: Macht Kindheit heute noch Spaß? Beobachtungsstudien zum Humor unter Kindern im Schulalltag. In: Gruppendynamik 27/1996/4, S. 399–414

Kierkegaard, Sören: Einübung im Christentum. 1855

Kiphard, Ernst J.: Humor, Komik und Lachen als therapeutische Elemente. In: Zsch. Praxis der Psychomotorik. 4, 1999

Koestler, A.: Der göttliche Funke. Der schöpferische Akt in Kunst und Wissenschaft. Bern, München, Wien 1966

Korczak, Janusz: Fröhliche Pädagogik. In: sämtliche Werke. Band 4. Gütersloh 1999

Kotthoff, Helga (Hrsg.): Das Gelächter der Geschlechter. Humor und Macht in Gesprächen von Frauen und Männern. Konstanz 1988

Kotthoff, H.: Lachen Frauen anders als Männer? Interview von Franziska Wanner-Müller. In: Neue Zürcher Zeitung Folio 08/1996

Krause, Rainer: Affektpsychologische Überlegungen zur menschlichen Destruktivität. In: Psyche, 55. Jg., 2001, S. 934-960

Kroll, Renate: Frida Kahlo, Blicke die ich sage. Das Mal- und Tagebuch. Berlin 2007

Krüss, James: Timm Thaler oder Das verkaufte Lachen. Ravensburg 1987

Kühn, Lotte: Das Lehrerhasser-Buch. München 2005

Lanfranchi, C. (Hrsg.): Dimitri: Humor. Gespräche über die Komik, das Lachen und den Narren. Dornach 1997

Lempp, R.: Das Lachen – seine Entwicklung und seine Bedeutung in der Kindheit. In: Orientierung. Lachen und Humor. Fachzeitschrift der Behindertenhilfe, Heft 3, S. 5-7, 1998

Liebertz, Charmaine: Mit Humor geht alles besser. In: Gehirn & Geist 4/2005, S.76 ff.

Liebertz, Charmaine: A Healthy Laugh. In: Scientific American Mind. 2005, S.90 ff.

Liebertz, Charmaine: Humor y desarrollo. In: Mente y cerebro 14/2005, S.28 ff.

Liebertz, Charmaine: Das Schatzbuch ganzheitlichen Lernens. Grundlagen, Methoden und Spiele für eine zukunftsweisende Erziehung. Hrsg. Gesellschaft für ganzheitliches Lernen e.V. München 2007, 7. überarb. Aufl.

Liebertz, Charmaine: Spiele zum ganzheitlichen Lernen. Hrsg. Gesellschaft für ganzheitliches Lernen e.V. München 2008, 4. Aufl.

Liebertz, Charmaine: Das Schatzbuch der Herzensbildung. Grundlagen, Methoden und Spiele zur emotionalen Intelligenz. Hrsg. Gesellschaft für ganzheitliches Lernen e.V. München 2009, 4. Aufl.

Liebertz, Charmaine: Herzleuchten. Aphorismen und Sinnsprüche. München 2008, 2. Aufl.

Liebertz, Charmaine: Spiele zur Herzensbildung. Hrsg. Gesellschaft für ganzheitliches Lernen e.V. München 2007

Liebertz, Charmaine: Pädagogischer Schatzbrief (Spielekartei): Gefühle und Rituale. München 2008

Liebertz, Charmaine: Pädagogischer Schatzbrief (Spielekartei): Wahrnehmung, Konzentration, Entspannung. München 2008
Liebertz, Charmaine: Pädagogischer Schatzbrief (Spielekartei): Bewegung und Rhythmus. München 2008
Liebertz, Charmaine: Pädagogischer Schatzbrief (Spielekartei): Frühförderung. München 2008
Liebertz, Charmaine: Pädagogischer Schatzbrief (Spielekartei): Sprachförderung. Don Bosco Verlag. München 2008
Liessem, Thomas: Willi Ostermann – Ein Leben für den Frohgesang am Rhein. Köln 1958
Marx, Groucho: Schule des Lächelns. Frankfurt a. M. 1984
McGeoch, J. A.; McDonald, W. T.: Meaningful relation and retroaktive inhibition. American Journal of Psychology. 1931
McGhee,P.E.: Humour. Its origin and development. San Francisco 1979a
McGhee, P.E.: The role of laughter and humour in growing up female. In: Kopp, C.B./Kirkpatrick, M. (Eds.): Becoming female: Perspectives on development. S. 183-206, New York 1979b
McGhee, P.E.: The role of arousal and hemispheric lateralization in humour. In: ders. (Hrsg.): Handbook of Humor Research, Vol. I: Basic Issues, New York 1983
McGhee, P.E.: Health, Healing and the Amuse System.Humour as Survival Training. Dubuque, Iowa1996
Merziger, Barbara: Das Lachen von Frauen im Gespräch über Shopping und Sexualität. Diss. FU Berlin 2005
Neitz, M.J.: Humor, hierarchy, and the changing status of women. Psychiatry 43, S. 211-223, 1980
Nevo, O./ Aharonson, H./ Klingman, A.: The developement and evaluation of a systematic program for improving sense of humor. In: Ruch, W. (Hrsg.): The sense of humor. Berlin 1998
Niemitz, Carsten (Hrsg.): Erbe und Umwelt. Frankfurt a. M. 1987
Niemitz, Carsten: Alle Menschenaffen lachen. Interview Planet Wissen 4.11.2005
Piaget, J.: Psychologie der Intelligenz. Zürich 1948
Pizzini, Franca: Hierarchie in der Scherzkommunikation: Kommunikation im gynäkologischen und geburtshilflichen Bereich. In: Helga Kotthoff (Hrsg.): Das Gelächter der Gesichter. Konstanz: Universitätsverlag Konstanz, 1996, 201-217
Platon: Nomoi – Die Gesetze. 5. Buch. In: Platon Werke in acht Bänden. griech./deutsch. Wissenschaftliche Buchgesellschaft. Darmstadt 2005
Plessner, E.: Lachen und Weinen. Eine Untersuchung über die Grenzen menschlichen Verhaltens. Bern 1961
Prinz, Alois: Beruf Philosophin oder Die Liebe zur Welt. Die Lebensgeschichte der Hannah Arendt. Weinheim 1998
Provine, Robert R.: Laughter. A Scientific Investigation. London 2000, S. 87ff
Reese, J.L.: Humor in der Grundschule. Hausarbeit für 1.Staatsprüfung Lehramt Grund-, Haupt- und Realschulen. 2005
Reinert, G.-B., Heyder, S.: Der „gute" Lehrer: Impressionen zur Lehrerpersönlichkeit als tragender Determinante der Lehrer-Schüler-Beziehung. In:Gudjons, H./Reinert, G.-B. (Hrsg.): Lehrer ohne Maske? Grundfragen zur Lehrerpersönlichkeit, Königstein/Ts. 1981
Rißland, B.: Humor und seine Bedeutung für den Lehrerberuf. Bad Heilbronn 2002
Rißland, B.: Humor und Stressbewältigung im beruflichen Alltag von Lehrpersonen. Humorvolles Erleben und Verhalten – ein Mittel zur Prävention von Stress und seinen negativen Folgen. In: Gruntz-Stoll, J. / Rißland, B. (Hrsg.): Lachen macht Schule. Bad Heilbronn 2002
Röcke, Werner / Neumann, Helga (Hrsg.): Komische Gegenwelten. Lachen und Literatur in Mittelalter und früher Neuzeit. Paderborn 1999
Rubinstein, Henri: Die Heilkraft Lachen. Hallwag 1985
Ruch, W.: Sinn für Humor als Persönlichkeitsmerkmal: vergessen, fehlkonstruiert neukonzipiert. In: Pawlik, K.(Hrsg.). Bericht über den 39. Kongress der DGfP in Hamburg 1994. Göttingen 1995
Ruch, W.: Humor as a pain Killer? Universität Zürich 2005
Rushdie, Salman: Interview Welt kompakt 12.5.2006
Rutter, M. u. a.: Specificity and heterogenity in children's responses to profound institutional privation. In: British Journal of Psychiatry 179 (2), 2001
Saar, A.: Kann man den Sinn für Humor fördern? Gedanken aus der Kindergartenpraxis. In: Spielmittel Heft 1, S. 26-29,1992
Salameh, Waleed Anthony: Humor in der integrativen Kurzzeittherapie. Stuttgart 2007
Schedlowski, M., Tewes, U.: Psychoneuroimmunologie. Heidelberg 1996
Seibert, N., Wittmann, H., Zöpfl, H.: Humor und Freude in der Schule. Thema Erziehung. Eine Schriftenreihe der Pädagogischen Stiftung Cassianeum in Donauwörth. Donauwörth 1990
Seligman, Martin E. P.: Kinder brauchen Optimismus. Hamburg 1999
Seligman, Martin E. P.: Pessimisten küsst man nicht. Optimismus kann man lernen. München 2001
Shuster, Sam: Sex, aggression, and humour: responses to unicycling. In: British Medical Journal Bd. 355, 22-29. 12. 2007

Stocking, H. & Zillmann, D.: Humor von Frauen und Männern. Einige kleine Unterschiede. In: H. Kotthoff (Hrsg.): Das Gelächter der Geschlechter, Humor und Macht in den Gesprächen von Frauen und Männern. Konstanz 1988, S. 229-246

Struck, P., Würtl, I.: Vom Pauker zum Coach. München, Wien 1999

Thimm, C.; Augenstein, S.: Lachen und Scherzen in einer Aushandlungssituation oder: Zwei Männer vereinbaren einen Termin. In: Kotthoff, H. (Hrsg.): Scherzkommunikation. Beiträge aus der empirischen Gesprächsförderung. Opladen 1996

Titze, Michael: Die heilende Kraft des Lachens. München 1985

Titze, M., Eschenröder, C.T., Salameh, W.A.: Therapeutischer Humor. Ein Überblick. In: Integrative Therapie – Zeitschrift für vergleichende Psychotherapie und Methodenintegration. Heft 3, S. 200-234, 1994

Titze, M.; Eschenröder, Ch. T.: Therapeutischer Humor. Grundlagen und Anwendung. Frankfurt a. M. 1998

Titze, M.: Humor und Heiterkeit – die wieder entdeckten Therapeutika. In www.humor.ch Newsletter 1, September 1999

Uber, Heiner; Steiner, André: Das Lachprinzip. Wie man sich erfolgreich, glücklich und gesund lacht. Frankfurt a. M. 2004

Vogel, T. (Hrsg.): Vom Lachen. Einem Phänomen auf der Spur, Tübingen 1992

Warren, Jane u. a.: Journal of Neuroscience, Bd. 26, Nr. 49, 2007

Welding, Christiane: Humor in der Sozialpädagogik – Lachen hilft heilen. Diplomarbeit Fachhochschule Kiel 1997

Wild, B. et al: Neural Correlates of Laughter and Humor. In: Brain 126, 2003, S. 1

Wiseman, R.: The Luck Factor. London 2003

Wolfenstein, Martha: Children's Humour. A psychological analysis. Bloomington 1954

Zillmann, D.; Masland, J.; Weaver, J. u. a.: Effects of humorous distortions on children's learning from educational television. Journal of Educational Psychology, 76, 1984, 5, S. 802 – 812

Zimmermann, Elke u. a.: Rapid facial mimcry in orangutan play. In: Biology Letters. 11.12.2007

Ziv, Avner: Personality and sense of humor. New York 1984

Ziv, Avner: Humor is teaching: Educational experiments in High School. In: Zeitschrift für Pädagogische Psychologie. Heft 2. S. 127-133, 1988

Zöpfl, H.: Gut gelaunt erziehen. Ein kleiner Ratgeber. Rosenheim 2002

Empfehlenswerte Kinderbücher

Bergström, Gunilla: Was sagt dein Papa, Willi Wiberg? (3 – 6 Jahre)

Bartl, Almuth / Nitsch, Cornelia: Komm, wir spielen, reimen, lachen! Spiele und Reime für die Kleinsten bis 3 Jahre

Bittner, Ralf/ Krauß, Irma: Lachgeschichten: Uli wird Clown / Oma lacht sich eins. (Ab 8 Jahre)

Boie, Kirsten: King Kong, das Geheimschwein. (Ab 6 Jahre)

Geisler, Dagmar: Weinen, lachen, wütend sein – dafür bin ich nicht zu klein!

Geißler, Uli / Jakobs, Günther: Lachen ist die beste Medizin

Hanke-Basfeld, Magdalene / Volmert, Julia: Und wo bist Du kitzelig?

Jörg, Sabine/ Kellner, I.: Der Ernst des Lebens

Krüss, James: Timm Thaler und das verkaufte Lachen (8 -12 Jahre)

Lester, Helen / Munsinger Lynn: Tacky, der Pinguin (Ab 4 Jahren)

Olsson, S. / Jacobsson, A.: Niklas und sein schusseliger Papa (ab 4. Klasse)

Press, Kristin: Krümeldrache Flitzeflatz. Lachgeschichten zum Vor- und Selberlesen (Ab 4 Jahre)

Wölfel, Ursula: 28 Lachgeschichten (3 – 8 Jahre)

Spieleregister

Danke!

Mein besonderer Dank gilt diesen Menschen mit Herz und Humor:

- Meiner Freundin Tina Brausem, die mir als Vorstandsmitglied der Gesellschaft für ganzheitliches Lernen e.V. Unmengen an bürokratischer Vereinsarbeit abgenommen hat und dabei immer ein Lächeln auf den Lippen trägt.
- Meiner treuen Schatzbuch-Lektorin Gesa Rensmann, es gibt keine bessere!
- Daniela Bartholomies für ihre Hilfe bei den aufwändigen Tipparbeiten und ihrer optimistischen Haltung.
- Der weisen und einfühlsamen Psychologin Rosemarie Muntau-Zecevic, die mir in einer Krise das Lachen wieder schenkte!
- Allen Trainerinnen und Trainern der Gesellschaft für ganzheitliches Lernen e.V., die mir wie immer mit Rat und Tat zur Seite standen.
- Günther Thielen, *„der kleine Günther"*, der mir seine „Geschichte vom Obdachlosen, der sein Lachen verkauft" zur Verfügung gestellt hat und tagtäglich beweist, dass ein Leben an der Armutsgrenze reich an Herz und Humor sein kann.
- Der Organisation „Clowns ohne Grenzen" aus Paris, die weltweit Kindern aus Krisengebieten das Lachen wieder schenkt!
- Der Organisation „Südtiroler Ärzte für die Dritte Welt", die mir Fotos der lachenden Kinder für dieses Buch zur Verfügung stellte.

Vielen Dank auch den ErzieherInnen, LehrerInnen und FachberaterInnen aus allen Bundesländern, die mir wertvolle Tipps gaben, Spiele entwickelten und erprobten: Selma Bagci, Marion Bahre, H. Bartsch, Karin Bartusch, B. Blömers, Sabine Blumeyer, Nina Borgstädt, Gabriele Briesenich, Rita Bornkessel, Annetta Christoph, Susanne Degner, Birgit Diedrich, Katharina Frank, Angelika Fritzsche, W. Gross, W. Haberland, Birgit Heine, Angelika Heubel, Ingrid Hodgson, Katharina Kahn, Helga Kirst, Marion Klöpper, Regina Kollascheck, Elena Krüger, Maria Kübeck, Bianca Lutsch, Maritta Marstaller, Inge Mumm, Esra Özen, Inga Oldenhofe, Ewa Olszanski, Marita Rekers, Britta Romé, Astrid Schmidt, Ilona Senf, Ute Sielemann, Sabine Stolle, Christina Voche, Lisa Vohrmann, Irina Warkentin, Hildegard Wekenbrock, D. Wiebe.

Jedem Kind ein Lachen!

Professionelle Clowns, Zauberer und Artisten engagieren sich ehrenamtlich für Menschen in Krisengebieten, um durch Kunststücke, Clownerie, Jonglage, Artistik und Zauberei die Menschen zum Lachen zu bringen. Für einen Moment können sie den Alltag vergessen und Kraft schöpfen.

Wollen Sie mehr über unsere Arbeit wissen? Lesen Sie im Internet nach unter:
www.clownsohnegrenzen.org

Möchten auch Sie ein Lachen schenken? Dann unterstützen Sie uns durch eine finanzielle Förderung

Clowns ohne Grenzen Deutschland e.V.
Volks- und Raiffeisenbank Rendsburg
Konto-Nr. 18 47 511
BLZ: 214 636 03
IBAN: DE73 2146 3603 0001 847511 BIC: GENO DEF 1NTO

oder durch Ihr Ehrenamt, durch Ihre Mitgliedschaft und indem Sie anderen von uns erzählen.

Clowns ohne Grenzen Deutschland e.V.
Eva Glimsche
Eckerstr. 2
D – 85356 Freising
Fon: 08161 – 233520
Mobil: 0171 – 4958177
eva.glimsche@clownsohnegrenzen.org

CLOWNS OHNE GRENZEN
DEUTSCHLAND